いいこといっぱいありますように

はせくらみゆき

廣済堂出版

はじめに――「言葉の贈りもの」

暮らしの中で見つけた、フフッと笑えること、楽しかったこと、えーっ!? と思ったこと、なんでかなぁ……と思ったこと、びっくりしたこと、面白かったことなど、心に残る点描を綴《つづ》りました。

時には爽《さわ》やかな風となって、時には暴風雨となって、心を揺らしていくさまざまな出来事に、いつも寄り添ってくれたものがあります。
それは、その時々に、内側から湧き上がってきた、パワフルな言葉たち。
そんな少しパンチのきいた言葉の贈りものを、私はいつしか、「幸せマントラ」と呼ぶようになりました。

「幸せマントラ」は、時に励まし、時に癒《いや》し、勇気と力を与えてくれました。

本書では、さまざまな時代、場所、環境の中で体験した、22個のゆるいエッセイと共に、「幸せマントラ」を掲載しています。

それらのマントラを、あなたと分かち合いたいと思います。

きっとマントラたちも、嬉しくて、さぁ〜、やるぞぉ！　とやる気満々ではないかと思います。


言葉は未来を創り、世界を創り、そしてあなたを創ります。

どうか、あなたとあなたのまわりと世界が、あたたかくて優しいものに包まれていますように。

夢と希望と美味《おい》しいものと、笑顔の中に包まれていますように。

本書が、少しでもお役に立てましたら、大変嬉《うれ》しく思います。

さぁ、それでは、お茶でも片手に、ごゆるりとお楽しみください。

はせくらみゆき

※言霊――「ことたま」と読む場合は、言・事の霊（たま・エネルギー）のことで、「ことだま」と読む場合は、言・事の霊（たま・エネルギー）が発動している様子を指します。

目次

第一章 思い出の中にあるギフト

第二章 新しい風景が教えてくれたこと

第三章　日々を味わう

エピローグ 川は流れる

カバー画・本文イラスト　はせくらみゆき
装丁　三瓶可南子
編集　豊島裕三子

プロローグ

マイブームの窓から

かわいいゴリラちゃん

私の最近のマイブームは「ゴリラ」。人間と同じ、ヒト科の動物です。

霊長類最強といわれるパワフルな生き物でありながら、けっこう繊細で、平和主義者のゴリラくん。たとえばメスゴリラに怒られたオスゴリラは、ぐっと我慢して、ストレスに耐え、そのあと静かにお腹を下してしまうのだとか。

あの強靭《きょうじん》な見た目とは打って変わってのナイーブさや、極力争いを避けようとする姿勢に胸を打たれ、気が付いたらすっかりゴリラファンに。

きっかけはたまたまユーチューブに上がってきたゴリラの映像を見て、黒い顔の中で動く、くりくりのおめめを見たときに「あっ、好きっ♪」って、思ってしまったんですよ。

それで、いかにゴリラがかわいいかを熱く息子に語ったら、「あ〜、はいはいはい」

といって、あまり取り合ってくれません。

なぜならいつも、私が「推す」ものは、一般的ではないものが多いからだそうです。ゴリラ、土偶、ハシビロコウ、粘菌、素数、仏像……好きなものを自由に挙げよといわれたら、いきなりこんな名前が出てくるのですから、無理もないのかもしれません。

確かに昔から友人たちに「あなたって、なんか変なもの好きよね」なんて言われていました。さらに「それはあなた自身がちゃんと変だから、類は友を呼ぶってことだよ」と大笑いされ、やっぱりそうかと妙に納得。

というわけで、〝ちゃんと変な〟（個性的とか多様性に置き換えられるかなぁ）おばちゃんの、ちょっと不思議で、くすっと笑えるお話が、これから始まります。

皆様、宜しくお付き合いくださいませ。

さて、ゴリラのお話に戻ります。ゴリラが生息しているのは、アフリカの鬱蒼《うっそう》と茂った熱帯雨林、つまりジャングルの中です。

ヒトに最も近い類人猿の仲間で、その中では最も大きくて力も強い動物です。握力は500キロぐらいあり、パンチ力はもう数トンレベル。決して戦いを挑《いど》んではいけない存在ですね。

けれども性格は、穏やかで優しく、戦いを好まない平和主義者。食べ物は、基本はベジタリアン系。群れで生活して、シルバーバックといわれる背中の白いオスと、数頭のメスと子どもたちが一緒になって暮らしているのだそう。

でね、このことを調べていた時に面白いなぁと思ったのが、メスはオスを選ぶ側で、オスはメスから選ばれるのを待つ側だったということ。もっとも、オスからアプローチすることもあり、そんな時は、好きなメスに、自分の排泄物を投げてアピールするのだそう（笑）。

人間の暮らしにどっぷりつかってしまうと、ともすれば、他の生き物にも、人間が持つ価値観をそのまま転写して、世界を見渡しかねないのですが、そんな人間中心の考え方をサラリと打ち破ってくれるところにグッと来たのでした。

で、めでたく結ばれて、子が産まれた後は（ヒトと同じ、出産は一産一子）、メスは3～4年、赤ちゃんゴリラにオッパイをあげ、子育てをします。ただ、離乳した後は、子どもをオスに預けて、オスのもとを去り、メスは次の恋を求めて生きます。

とはいえ、残されたオスゴリラにとっては、子どもに囲まれていることが幸せなので、それでOKなのです。

ねっ、なかなかパンチのあるお話でしょ。

他にも、ゴリラといえばドラミング。胸をたたいて音を出すおなじみのしぐさですが、なぜその行為をするのかというと、興奮の表れや、遊びの誘い、戦いを極力避けるための自己主張であることがわかってきました。

私たちが小さい頃に見たであろう、キングコングの印象があったので、ゴリラのドラミングはずっと、戦闘開始の合図や威嚇《いかく》行為だと思っていたのですが、そうではないことを知り、拍子抜けしました。

同時に、半世紀にもわたる間、ずっと勘違いしていたことに申し訳ない気持ちになったのです。

このように、本当は違っているのに、かねてよりの価値観や思い込みなどで勘違いしていることが、他にも山ほどあるんだろうなと思えて仕方ありません。

何かに取り組む時は、できるだけ真っ新《まっさら》な心になって、先入観にとらわれず物事を見ないといけないなとつくづく思った一件でした。

あ、ちなみに、ゴリちゃんのドラミングは、グーではなく、パーでした！


そんな、ゴリラ愛が募ったある日、実際に会いたいと思い、会いに行きました。

お目当ては、イケメンゴリラだと評判のシャバーニくん。名古屋・東山動植物園で、ファミリーでお住まいです（飼われています）。

広い園内で、脇目も振らずゴリラ舎へと向かい、そこから1時間半ほど、うっとりとした目で、園舎に張り付いていました。遠くに見えるゴリちゃんの姿を、一挙一動凝視している女の姿は、傍から見たらけっこう怖かったかも!?

しかも、その時ひそかに念を送っていたんです。どうか、目の前に来てくださいって。

しばらくすると、目の前に黒の巨体がヌッと現れました（願いが聞き届けられた？）。ガラスを挟んだその距離2メートルほど。シャバーニ君は、ドカッと腰を掛け、正面をギロリと眺めています。（いや～ん、目が合っちゃった）と乙女のような心持ちで、シャバーニ君を見つめました。すると、一瞬、ウン？　とした表情を浮かべ、その後、長い放尿をはじめたのでした。

（あ、なんだ。おしっこしたいだけだったのね）と、その姿を愛しく見つめながら、ゴリラグッズを買って帰りました。

この、ゴリラ熱は、まだしばらく続きそうですが、その背景にあるのは、人間中心主義を脱却した、より大きな視点をもって、再び人間とは何かについての考えを深めていきたいなぁという想いです。というわけで、続きは次のエッセイで。

幸せマントラ

私は自然の一部です

人に与えられた自由

人類学者の山極壽一先生は、ゴリラ研究の第一人者です。ゴリちゃんにキュンとなってから存じ上げました。

山極先生は、実際にアフリカのジャングルで40年以上、野生のゴリラを追いかけながら生活を共にして研究された博士で、そこから語られる、実体験に基づいた種々の知見は、私たち現代人に多くの気づきと示唆を与えてくれます。講演会に行ったのは一度きりですが、著書はほぼ読破したと思います。

そんな山際先生のお話の中で、なるほど～と深く頷《うなず》いたことがありましたので、記しておきたいと思います。

それは、人間にのみ与えられた自由が三つありますよ、というものです。

一つめの自由は**「動く自由（移動する自由）」**です。

ゴリラを例にとると、一日の移動距離は数十キロで、群れ（家族単位）で行動します。一方、人間は徒歩で歩ける範囲ばかりか、地球の裏側へと至るまで、幅広い距離を自由に移動することが出来ます。

しかも、一つの群れ（家族）のみで行動するのではなく、異なる共同体に重層的に属しながら移動し、また元のさやへと戻ることも出来るのです。

ゴリラ社会は、目に見える世界がすべてで、その視界から消えてしまったら、もういないのと一緒と考えるそうです。

群れ単位で動いていますから、もし、群れから離れて戻ってきたとしても「あなた誰？」となる。ある意味、厳しい社会でもありますよね。なので、ゴリラは、視界に届く範疇《はんちゅう》で、群れ単位で移動するという世界に住んでいます。

二つめは「**集まる自由**」です。

人は、家族だけではなく、いろいろな共同体に属している生き物です。

たとえば子どもなら、学校や習い事、友だち、スポーツクラブや町内会、親戚の集まりｅｔｃ．……。家族以外のさまざまな人とのふれあいや、共に何かをすることによって自由に集まることが可能です。

このことは当たり前すぎて気が付かなかったのですが、前述の如く、ゴリラ社会は、家族（自分の群れ）一択です（↑つぶやき＝このことを知って、やっぱりヒトでよかったかもと思っちゃった）。

三つめは「**対話する自由**」です。

移動する自由、集まる自由を得ながら、私たちは自由に相手とコミュニケーションをとることが出来ます。お話しする相手は、家族だけに留まらず、幅広い範囲に広げることが可能です。今は、ネット社会が発達しているので、目の前の人に限定されることなく、地球規模で、即座に繋《つな》がることも可能です。

もっとも、「言葉」を持っているのは人間だけなので、言葉というバーチャルな認識空間を使って、相手と繋がり、世界と繋がることが出来るのですね。

一方、ゴリラ社会には言葉がないので、目の前に見える世界の中で、身体の所作などを通して、直接的なコミュニケーションをとる世界が営まれています。

この「移動する自由」、「集まる自由」、「対話する自由」を持っているのがヒトの特質であるということなのですが、この三つが遮断された時期があります。

それは、コロナ騒動の時。三密回避ということで、盛んにステイホームが叫ばれましたよね。

当時は皆、イライラや不満がたまっていたと思います。

一日中、家にいて、家族としか顔を合わせず、外出もままならず、会話してもいけない日々……。今思えば、そこまでする必要はなかったかもと思うのですが、当時は皆、頑張って、ステイホームをしていましたものね。

考えたら、家族とは血は繋がっているとしても、年齢差や個体差があり、価値観も異なる集団の集まりなのですから、人として付与されている本来の自由を奪われて、同じ場所に閉じ込められていたら、そりゃぁ、ストレスたまるよね、と思いました。

ですので、当時、なぜ家族にイラつくのだろうとか、自分は愛が足りないんじゃないか、といったやるせない思いを抱えた方へ——朗報です。気にしなくていいよ、それ、あたりまえだからと全力で言いたい。


さて、コロナ騒動を通して、今までより深く意識するようになったことがあります。それは、**直接触れ合うこと、コミュニケーションすることの大切さです**。

コロナ以来、オンライン化が急速に進み、私たちは今まで以上に、視覚や聴覚で得た間接的な情報をリアルワールドとしてとらえ、直接的体験を軽んじてきているように思います。

とはいえ、暮らしはリアルそのもの。視覚や聴覚のみならず、触覚や嗅覚や味覚も含む五感すべてを使い、かつ感覚や知覚、直感など、すべてをフル動員して日々を営んでいます。

その場所こそが、肉体を持つ人間としての根城（ホーム）です。

だからこそ、**直接足を運んで、見て、聞いて、味わい、嗅いで、触れ合って**……という全身を通して感じることのできる直接的な体験を、より大切にしたいと思います。

ちなみに、動物たちは、その時、その場を全身で味わう、直接体験の世界の住人です。

私たち人間も、この自然界の中に組み込まれている一部であり、ヒトという動物の一種族であることを、心の隅に留め置く姿勢を忘れないでいたいと思います。

その上で「人間」だからこそ持てる才知をのびのび発揮して、すべての幸せを願う存在としての、ニンゲン生を謳歌したいと願っています。

幸せマントラ

さぁ、私は今日、
何したい？
どうしたら嬉しい？

時を超えて伝わるもの

万葉集とは、7世紀後半から8世紀後半にかけて編纂《へんさん》された、現存する我が国最古の歌集です。収められている数はなんと4516首！　その膨大な量の歌集は全二十巻あります。

それだけでもびっくりなのですが、歌の作者がまたスゴイんです。

身分に関係なく、天皇から農民まで、あらゆる階層の人たちの歌がのっています。

しかもその半分弱が作者不詳……。


学生時代にこの話を聞いた時は、「ふ～ん、そうなのかぁ」で終わりましたが、大人になってあらためて考えると、とんでもないことだなぁと思いました。

そして、日本で最も古い歌集が、身分を超えて同列に並んでいる感性って素晴らしいなぁと、なんだか誇らしい気持ちになりましたよ。

さて、万（萬）葉集という名前ですが、題名の由来はおそらく、「万《よろず》」の言《こと》の「葉」を「集」めた大切な言霊たちを、「万《よろず》」の世まで届けられますようにという祈りをもって付けられたんじゃないかなと思っています。というのは「葉」の字には、時代とか世（の中）という意味合いもあるからです。

そんな思いをもって、あらためて向かい合うと、時代を超えても変わらない人の心の機微や感情などが色褪《あ》せることなく目の前に迫ってきて、感動してしまうのです。

ただ、昔の言葉なので、やはりとっつきにくくはあるんですけれど、ね。

そういえば、今の元号――「令和」も、万葉集からの引用でしたよね。

作者は大宰府《だざいふ》に赴任していた大伴旅人《おおとものたびと》で、新春（今でいう立春）に開かれたおめでたい席――「梅花の宴」での情景を記した序文から採用されたものでした。

〝初春の令月《れいげつ》にして、氣淑《きよ》く風和らぎ、梅は鏡前《きょうぜん》の粉《こ》を披《ひら》き、蘭は珮後《はいご》の香《こう》を薫《かお》らす〟

（訳＝時あたかも新春の好《よ》き月、空気は美しく風はやわらかに、梅は美女の鏡の前に装う白粉のごとく白く咲き、蘭は身を飾った香の如きかおりをただよわせている）

読んでみると、本当に梅の香りが漂ってきそうな、かぐわしいながらも凛とした言の葉ですね。そこから付けられた令和の元号。意味を英語でいうとBeautiful Harmony。

あらためて、あぁ、そうだったんだ。今、私たちはビューティフルハーモニーと呼ばれる時代を生きているんだとハッとさせられますが、目に見える現実を、ぜひこの方向へ持って行けよという、日本人全体に向けた指令なのかもしれませんね。

最近になって、私は再び、万葉集の歌をよく詠《よ》むようになりました。同じ歌でも、歳を重ねた後で見直すと、見え方が全く異なるので面白いのです。かつ、見るだけではなく、勝手に節《ふし》をつけて、詠み上げると、また格別なんですよ。

意味というより、音の響きが直接心の奥に響いてきて、詠めば詠むほど味わい深くなる世界で、まるでスルメのようなんです（……ん？）。

とりわけお気に入りなのが、万葉集の最後の歌。作者は、先ほど登場した大伴旅人の子どもで、歌集の編纂者であったといわれる大伴家持《おおとものやかもち》です。

〝新《あらた》しき　年の初めの　初春の　今日降る雪の　いや重《し》け吉事《よごと》〟
（意訳＝新年を迎え、初春を迎えた今日降る雪のように、良いことがたくさん起こりますように）

この歌は、大伴家持が因幡《いなば》の国（鳥取県）に赴任していた時に詠まれたもので、しんしんと降り注ぐ初春（現在の立春）の雪になぞらえて、良きことの成就と繁栄を願う祝い歌です。

4516首目となる万葉集の大トリを飾るこの歌には、おそらく、今までの歌を集約した中で、もっとも伝えたい想いが凝縮されたものだと考えられます。

それが「良いことが、もっともっと起これ～！」という言葉だったのですね。

なんだか、嬉しいなぁ。こんな祈りの言葉が、最後の言向け（ラストメッセージ）だったなんて。

ということで、もう少し詳しく調べてみると、意外なことがわかってきました。この歌が詠まれた当時の家持の境遇は、決して良いとは言えず、因幡国の赴任は、いわば左遷。権力闘争に巻き込まれた後の、孤立無援の侘しい暮らしの中で詠まれたものであったことを知りました。

おそらくは、万感の思いを、この最後の七文字の言の葉に託したのでしょう。

そう思うと、ただの祝い歌というよりも、喜びも哀しみもすべてを含んだ上で、素晴らしき世の到来を願う魂からの叫びであり、切なる祈りのように感じられたのでした。

「いや重け吉事（いやしけ　よごと）」――良いことがますます重なりながら起こりますように。

千年の時を超えて受け継がれてきたこのコトダマを、胸の奥でしっかりと受け止めたくて目を閉じました。すると、天から降り注ぐ真白な雪が、光る粒々となってキラキラ輝き、その一つひとつが皆、良き事となって、とめどなく降り注ぎ、世界を覆っているイメージが浮かびました。

よろずの言の葉をよろずの世へと……。思いは言葉となり、祈りとなって、時空を超えて伝わっていくものなのですね。

幸せマントラ

いやしけ　よごと！
（いや重け　吉事）

第一章

思い出の中にある
ギフト

天井のシミを眺める瞳

私は幼い頃から感受性が強く、ちょっと（いえ、ちゃんと）変わった子どもでした。初めて自分という存在を認識したのは、確か4～5歳の頃。当時、二段ベッドの上に寝ていた私は、起きがけに天井に見えるシミの模様をボーッと見つめていたのです。模様は、カエルが飛び跳ねた跡のように見えたり、怪獣に見えたりもしました。

そうして妄想が膨らんでいた時に、ハッと「あれ？　これって誰が見つめているの？」と思ったのです。

驚いて手を伸ばすと、肌色の手が見えました。

「わっ！　すごい、思ったら動くなんて」と感動して、体のあちこちを動かしてみました。

その時の感覚は、「私と呼ばれる人」はこの体の中にいて、この場所から、いろんなものを見ているんだなというものでした。とても奇妙で面白い感覚でした。

この時の驚きと感動が、自己を意識した原体験であったのだろうと思います。


さて、そんな幼少期を過ごしていた私は、親から見れば心配でたまらなかったようです。一人で遊ぶのを好み、たまに空間に向かって笑っているのですから（↑たしかに心配ですよね）。

とはいえ、私にとっては決して独りぼっちなどではなく、内側の自己を通して、いろんな存在と、声なき声のおしゃべりをしていたのでした。


存在というのは、雲や木、石ころや虫といった、さまざまなものたちです。

幼い頃の私にとっては、それらも皆「お友だち」だと思っていたのです。

大人になってからの言葉で翻訳すると、それはアニミズム的な感性を持っていた、ということになりますね。

それらの「言葉」は、声なき声として、胸に直接響くかたちで、届けられます。

たとえば、雨が降りそうな時は、胸に直接想いのかたまりが届く、といったかたちで、雲が教えてくれたりします。

まるで宮崎アニメのトトロのような世界ですが、当時の私にとっては、その感覚の方が自然で、誰もが皆同じように、さまざまな存在とお話ししているものだと思っていました。

それらの感覚が、どうやら皆と異なっているらしいと自覚したのが、小学校入学の日。大人も子どもも、皆、表面上にくっついている方の「私」とだけお話ししているんだ、ということに気が付きました。

私はショックのあまり、声が出なくなり、感情が消えたかのように無表情となったのです。心配した両親は、私を病院へ連れて行こうとしました。

その時の衝撃は強烈だったので、今も覚えているのですが、心の中であることをしたのですね。

何をしたかというと、内側にある自分（本当の自分）と外側の自分（アバターのイメージ）の接続を切ったのです。と同時に、内側から見える世界と繋がる窓にもシャッターを下ろし、断ち切りました。

すると、突然、世界が真っ暗になって、自分という存在の所在さえ、わからなくなってしまったというわけです。

あわてる両親の姿をボーッと眺めながら、これではいけないと思い、再び、内側の自分と外側の自分の部分だけを再び接続しました。他の存在物と繋がる窓は、閉じられたままです。

すると、ホワンと心の灯りが戻り、自己の感覚が戻ってきました。

以来、緊急事態以外は、アニミズム的な感性とはしっかりおさらばしたまま、ごく普通の人生を歩み始めたのです。

転機が起こったのは、子どもを授かってからです。

私は三人の子のお母さんなのですが、長男が未熟児で生まれたことを機に、自然流育児を始め、再び、自然との繋がりを大切にする暮らしとなりました。そのうちに、幼い頃感じていた、アニミズム的な感性が徐々によみがえってきました。

とはいえ、当時、そのようなことを話す人は、一般的ではなかったため、「オカルト」や「アヤシイ」といった言葉で揶揄《やゆ》されていたのです。

私自身、ナチュラルライフの好きな、ごく〝普通のお母さん〟でしたし、それらを表立って語ることには強い抵抗感がありました。

見えない世界に傾倒して、見える世界を軽んじてしまっては本末転倒《ほんまつてんとう》だと感じていたからです。しかしながら、現実として、目を疑うような超自然的な出来事を、多く体験していた時期でもありました。

そうしたさまざまな体験を通して、伝えられている内側からのメッセージ——内なる叡智《えいち》と呼ばれている精神の座から放たれる想いは、最初から一貫していました。

それは、**〝あらゆるすべての大本は、愛から出来ている〟**というものでありました。

私は本当にそうなのか、疑いつつもその真実を知りたくて、子育ての合間に、科学や心理学、哲学などの本を片っ端から読んでノートにまとめながら、内なる対話を続けていたのでした。

それでもやはり、どうしても抵抗感が付きまといました。というのは、いくら「愛」だといっても、そんな言葉で置き換えられるほど、現実は甘いもんじゃないよ、というなんともいえない想いがしょっちゅう湧きあがってきたからです。

そんなある日、40歳の時だったのですが、引っ越し準備の疲れが重なり、脳卒中で倒れ、半身不随になりました。

どんなに意識で指令を送っても、ピクリともしない半身を眺めながら（あれ？　この感覚何か知っている）と思いました。それは、幼い頃、二段ベッドの上で感じたその感覚であり、たった今、その時の逆バージョンを体験しているんだなと思いました。

その後、私は、救急搬送で運ばれた病院の個室で、再び「私とは誰か？」を真剣に考え続けることとなりました。

数日後、出た答えは「**私とは、体でもなく、心でもなく、出来事でもなく、それを見ている【いのち】そのものである**」ということでした。

と同時に「我も彼もあらゆるものも、すべて繋がりの中にある」という圧倒的な体験が、理屈を超えて押し寄せてきたのです。

その後私は泣きながら、自分の体を構成してくれている細胞や量子さんに、心からの「ごめんなさい」と「ありがとう」を伝えていきました。

すると、驚くことに翌朝、目が覚めたら、体が動くようになっていたのです。

お医者さんからは奇跡と言われ、ほどなく退院となりました。

以来、「いのちの喜びに沿って生きること」、「すべては繋がりの中にある」ということを、強く意識して暮らすようになったというわけです。

視える世界のみに囚《とら》われるのではなく、かといって見えない世界に没入するわけでもなく、「いのち」という真なる自分を中心に置きながら、物心共に調和する、そんな生き方がしたい……と心から願いました。

その思いで暮らし始めると、驚くほどに、視える世界、表れる世界が変わっていくことを体感しました。

それは、いのちの喜びに沿って生きる世界であり、皆、根底では繋がっている全体の中の個を感じて生きる世界だったのです。

というわけで、たった今、この繋がりの時空を、あなたのいのちと分かち合いたいと思います。

幸せマントラ

すべては
繫がりの中にある

パフェを初めて食べた時

戦後、高度経済成長期に生まれた私は、北海道・十勝にある田舎町で育ちました。当時、毎月買ってもらえる雑誌『小学○年生』を楽しみにしながら、都会の暮らしに憧れを抱いていました。その頃、テレビで「都会では、喫茶店でパフェを食べるのが流行《はや》っている」というニュースが流れました。私は、そのパフェなるものが食べたくて仕方ありませんでした。

とはいえ、田舎町には、そんな洒落《しゃれ》たものを提供するお店はなく、どうしても食べたいと駄々をこねると、祖母が台所で作ってくれることになりました。

私は、興奮しながらうやうやしくパフェを受け取りました。それはかき氷用のガラス容器に入っていて、中にはアイスクリームがあって、そこにウェハースがブスッと刺さっている、というシンプルなものでした。

私が、たしか上にピンクのものがのっていたというと、給食の残りで家に持ち帰っていたイチゴジャムを上にかけてくれました。

パフェのお味は、お風呂上がりにもらえるアイスとあまり変わらなかった気がしましたが、きっとウエハースとジャムがのっているものがパフェというのだなと思い、小学校の間はずっとそのように思い込んでいました。

次の思い出はピザ。

同じく小学生の時代、雑誌にのっていたピザを見て、「若者に大人気」と書いてあったので食べてみたくなったのです。

いったいどんな味なんだろうと思い、写真をじーっと見てみると、平たく丸いパンの上に、とろける薄黄色のものがかかっています。

それを見て、私は何を見誤ったのか、パン生地の上に親子丼の上の具がのっかっているのがピザだと思ってしまったのです。

今度は、1時間かけて近隣の市まで出かけ、初めて喫茶店で、ピザを注文することになりました。

ほどなく熱々のピザが届けられ、同時にタバスコも置かれたのですが、私はそれをケチャップだと思い、元気に上にかけました。

期待に満ちて一口ほおばると、あまりの辛さに叫び声をあげ、ハッと見ると、ピザは悲しげに、床で転がっていたのでした。

今思うと、そんな時代が本当にあったのかと思うような出来事ですが、大正生まれの祖母と、子ども時代に戦争を体験した両親と暮らす私は、その時代の空気もまといながらの子ども時代を過ごしてきたことになります。


現在はモノと情報にあふれ、飽和状態になっているともいえるため、かつてのような憧れなどはありません。

けれども、この状態まで来ることが出来たのも、大変な時代を必死になって乗り越え、生き抜いてきた一人ひとりの努力と歩みがあってこその現在であることを、胸に刻んでおきたいと思います。

今でも、パフェやピザをカフェなどで見つけると、たまに少女時代の思い出がよみがえることがあります。

そのたびにクスッとなるのですが、暮らしの中でふと立ち上がる、繋がっていくいのちの軌跡に感謝をこめて、優しい気持ちで過ごしていけたらいいなと願っています。

幸せマントラ

それぞれの時と場を
精一杯生きる　楽しむ！

小さな町の床屋さん、その名はクィーン

私の実家は理美容院でした。父が床屋さん、母がパーマ屋さんで、お店を中央で二つに分けて営んでいました。

そんな二人は、戦後の混乱期の中、中学時代、同級生として出会ったとのこと。

その後、生活に困窮《こんきゅう》していたため、それぞれ別な場所で、美容師、理容師になるために修業し、その間、文通をしていたそうです。

二人がめでたく祝言を交わし、お店を構えたのが25歳の時。店の名前は、誰もが女王のようになれますようにとのことで、「クィーン理美容室」という名になりました。

当時は従業員を何人も抱えて、とても忙しかったそうです。

その最中、母が27歳の時に生まれたのが長女である私でした。

幼い頃、母はいつも仕事をしていて、父はたくさん遊んでくれたなぁという記憶があります。

実際の家の切り盛りは、祖母が担当していました。家事や子育て、教育も祖母が担っていましたので、私の中では、祖母との思い出がより大きくあります。

「たあたま」と呼ばれていた祖母は、いつも着物をきていて、皆からたいへん慕《した》われていました。

私が幼い頃は、いつも着物をきていて、頭には、薄紫のスカーフをあねさんかぶりで巻いていていました。

時折、スカーフを外すのですが、その時は決まって、サロンパスの香りが漂ってくるのです。今でも、メンソール臭がすると、祖母の姿がよみがえることがあります。

そんな祖母は、82歳で天寿を全《まっと》うしました。最期に立ち会うことは出来なかったのですが、ガンを患っていた彼女が天に召《め》されたとき、当時住んでいた横浜のバスの中で「あ、お祖母ちゃん、今、光に戻った」という〝虫の知らせ〟がやってきました。

その後、連絡を受けて、実家に帰ったのですが、白布を外した彼女の顔は、とても美しかったです。

さて、クィーン理美容室は、いつしか「ヘアサロン・クィーン」という名に代わり、いろいろなドラマはあったものの、町の床屋さん・パーマ屋さんとして親しまれました。しかし、三人の子も育て上げた両親は、長年の営業を終えて、お店を閉じることとなりました。

その際、常連客たちに廃業の告知文を書きました。それはこんなお便りでした。

＊　＊　＊

〝御礼

いつもありがとうございます。（一部省略）昭和三十五年に理髪店を開業し、妻と一緒にクィーン理美容室を営み始めました。

人生はあっという間の歩みですね。開業して六十二年、今年で夫婦ともに八十六歳となりました。

この機会に、いつも持っていたハサミを置き、店じまいをしようと思います。

現在まで仕事を通して多くのお客様と出会い、たくさんの笑顔と喜び、そして生きる力をいただいてまいりました。皆様のお蔭で、今を迎えることが出来ています。ただただ嬉しく、感謝の気持ちでいっぱいです。本当に有難うございました。今後は人生の坂道を降りるにあたり、妻と二人、身体に留意しながら過ごしていきたいと思います。長年にわたるご支援ご愛顧に心より御礼申し上げます。ヘアサロン・クィーンは、令和四年三月末をもって廃業させていただきます。

店主〃

この時、父は肺ガンを患っていたのですが、それでも営業を続けていたのです。仕事が大好きだった父と母は、86歳まで現役だったということになります。その後、2年前に父は他界しましたが、最後まで優しく忍耐強い人でした。そういえば、彼岸へ渡る1年前に、父の人生を振り返ってもらい、語ってもらったことがあります。その中のエピソードを一つご紹介できたらと思います。

父は、生前、サツマイモが苦手だったのですが、私はずーっと、こんなにおいしいのに、なぜ嫌がるんだろうと不思議だったのです。

父がサツマイモを苦手になった理由――芋の苗を植えている最中に、目の前で、仲良しだった同級生が銃弾に撃たれて、この世を去ってしまったからでした。

芋の苗は、砲弾が着弾した跡地に植えるとよく育つといわれていたそうで、当時小学生だった父は、勉強など何一つせずに、勤労奉仕に出かけていたそうです。

「お父さん、好き嫌いしちゃだめだよ」なんていって、食べさせようとしていた私……。きっと、語られていないたくさんの経験や想いを内に秘めながら、懸命に歩んできたんだろうなと思うと、胸が熱くなります。

もう触れることは叶いませんが、今も私の中に父は生き続けていることを感じます。

父は最期、実家にほど近い妹の家で旅立ちました。その時はちょうど、親族が集まって、未来の夢について語っていたそうです。湘南に住んでいる私は、会えませんでしたが。

さて、葬儀は家族葬だったのですが、その時、葬儀屋さんから前代未聞ですとギョッとされた、あることをしてしまいました。

それは白い布地で覆われた棺いっぱいに、カラーペンで父の好きだったものを描き込んでしまったのです。

ハサミ、ドライヤー、お店の外観、ハイビスカスにシーサー、コーヒー、麻雀パイ……と賑やかです。そして、集まった参列者全員の寄せ書きも。

その明るくカラフルな棺で見送った時、弟妹たちと共に「切手のないおくりもの」の歌を歌って、感謝と共に別れを告げました。

帰りに見上げた、抜けるような青空と、畑で見かけたタンチョウヅルが、優雅に大空の向こうへと消えていく姿が、とても印象的でした。

そういえば、父が他界してから面白いことが二つ起こりました。

一つめは、お店兼自宅だった家のことです。生前、父は家を、若い人に譲りたいと言っていたのですが、後日、町再生物件として、若い方々がリフォームして使うこととなり、もとの店舗は、美容院とカフェになったのでした。

その流れの中で、半世紀以上使用したお店の道具たちの一部がまだ使えるとして、引き続き使われることになりました。

このように、コーヒー好き&仕事好きの父が喜びそうな出来事が起こったのです。

もう一つは、お店で使われていた年代物の椅子や道具の一部（子どもである私たちは、結構笑いのネタにしていた……）が、民俗学的に価値のあるものとして、町の博物館に収蔵されたのでした。

思ってもみなかった展開に、家族中で驚いたものです。

……と、つらつらと家族の思い出を綴ってしまいましたが、連綿とつながるいのちの妙に、あらためて静かで熱い思いが流れてきます。

あっ、母はまだ元気です。ありがたや、ですね。

きっと、今、お読みになっているあなたのご家庭にも、それぞれの、忘れ難い思い出やストーリーがあるに違いありません。

その一つひとつが生きた、血の通った歴史であり、さまざまな喜怒哀楽を伴った、尊き絵巻物ではないかと感じます。

いずれ私たちも、絵巻物の中に出てくる登場人物の一人になるわけですが、そんな地球卒業式を迎えるまでにしたいこと——それは、やりたいことをやり、会いたい人に会い、行きたいところへ行き、愛し愛され、触れ合いながら、悔いのない地球ライフを送ることです。

楽しんで参りましょうね。

幸せマントラ

ありがとう
大好きだよ

うどんと胎内記憶

それは息子が3歳になる前の、ある日の昼下がりのことでした。うどんをすすりながら、突然息子が語り始めたのです。何のお話かというと〝胎内記憶〟のお話！

「ボク、白いヒモを切る時、悲しかった」とあまりに唐突に言うので、私はうどんのことだと思い、

「あら、柔らかすぎて切れちゃった？」と答えると、「違う。これじゃなくて、ここから出ていた白いヒモ」と言って、おヘソを指さすのです。

私は驚きつつも（何食わぬ顔で、紙とペンを用意して）、息子に聞いてみることにしました。

「へぇー、ゆうちゃんは、ママのお腹の中にいた時のこと覚えているんだ」

「うん、知ってるよ。あったかくて、ちょっと暗いけど、気持ちいいんだよ」

と語り、お腹の中にいた頃のことを話してくれました。

私のことは空から見つけたこと、「あのママがいいな！」と思った次の瞬間には、お腹の中にいたこと。さらにはこんなことも話してくれました。

「あのね、ボク、はやくママに会いたくて、行こうとしたら、〝まだダメ〟って言われたの」

「誰にダメって言われたの？」

――息子はしばらく考えてから、「うーん、白くて大きな人。その人がね、ボクに言ったの。〝トキガミチルマデマチナサイ〟って。だからぼく、待ったんだ」

と言ったので、私は仰天！　はたして2歳児が言う言葉だろうかと絶句したのでした。それで、息子に言葉の意味を聞きましたが、もちろんのこと、知るはずがありません。とにかくその呪文《じゅもん》みたいなことを言われたら、動けなくなったらしいのです。

さらに出産の時のことも教えてくれました。

「ある日、もう出ていいよ、って言われたの。でも、どこへ行ったらいいかわからなくて……そうしたらね、向こうに穴が見えたの。だからボク、そこへ行ったらいいんだなってわかって行ったら、とても狭かったの。だからボク、こうやってこうやって（肩を交互に回しながら体をねじる動作をする）行ったの」

「行く時、ママがいい息をいっぱいしてくれて、〝ゆうちゃん頑張れ〟って言ってくれたから嬉しかった（陣痛の間、確か私は吐く息と共に、そう言っていました）。そしたら、向こう側にまぶしいものが見えてきたんだけど……ボク、急に怖くなっちゃって、行きたくなくなっちゃったんだ」


「で、どうしたの？」

息子はしばらく考え込んでから、

「あ、そうだった！　また出てきたの、白い人。その人がね、ぼくのここに（胸を指す）、ハートっていうのを入れてくれたの。

そして言ったんだ。〝この世界を愛でいっぱいにしなさい〟って。みんな、そうやって行くんだよって。そうしたらね、ボク、急に元気になって勇気りんりんのアンパンマンになっちゃったの。だから、ボク、行ったんだ。

出たらね、すんごーくまぶしくって……メガネのおじさんと、太ったおばさんがじろじろこっちを見てて、イヤだった」とつぶやきました。

その中に出てくる、〝メガネのおじさん〟とは、おそらくお医者様で、〝太ったおばさん〟は助産師さんではないかと思います。特徴そのまま……。

息子の話を聞きながら、私は涙が溢《あふ》れてきました。

息子は「ママ、どうしたの？」と言って、心配そうに見つめています。まるでおとぎ話のようなお話ですが、私にとっては、その後の生き方を決定するほどの、大きな出来事だったのです。

その息子が中学生になった時に、この話を伝えました。すると息子は呆《あき》れ顔をしながら、「そういう作り話はやめてくれないかな。僕は、そんな非科学的な話は信じないんだ」ときっぱり。……あ〜あ、でもちゃんとメモに残っているんだよと思いつつ、それ以上は言及しないことにしました。

子育て時代の出来事ですが、忘れることの出来ない、大事にしたい思い出です。

幸せマントラ

トキが
ミチルマデ
マチナサイ

空の青さと冷たさと

我が家は転勤族でしたので、全国津々浦々を、数年ごとに転居して暮らしておりました。

ある年の年度末に、3年間住んでいた那覇市から、兵庫県の宝塚市へと引っ越しすることになりました。

沖縄のマンションの鍵を引き渡し、無事、大阪の伊丹空港へと着いた途端、あまりの寒さでブルブルと体が震えました。なんと3月末だというのに、雪が降っていたのです。

沖縄では半そでを着ていたのになぁと思いながら、上着を羽織ると、三男がいやな咳をし始めました。胸がヒューヒューと鳴っています。

そうなのです。当時小学生だった三男は喘息《ぜんそく》持ち。沖縄ではしばらく落ち着いていましたが、きっとあまりの温度差で刺激を受けたのでしょう。久々の発作です。

急ぎ足で家に着いたものの、長年空き家だったという中古の一軒家は、冷え切っていました。室温を測ると4度。まだ荷物も来ていません。私たちはまずは持ってきたものをすべて着込み、次にとりあえずお風呂に入って温まることにしました。

けれども、湯船に浸かっているうちに、三男の顔が見る見るうちに青ざめ、ぐったりとした様子のまま、意識を失ってしまったのです。


慌てて救急車を呼び、そのまま緊急入院することになりました。

意識が戻ったのは4時間後、ひとまずホッとしましたが、最初に彼が言った言葉は「あれ？　ボク、鉄腕アトムになっちゃったのかな？」でした。

確かに息子の体中には、点滴をはじめ、たくさんの医療機器が繋がれていました。

私は涙と共に苦笑して、息子をギュッと抱きしめました。


こうして関西への引っ越しは、ドラマチックな初日を迎え、三男は期せずして、一人で寝泊まりする、1週間の入院生活を送ることとなりました。彼が言うことには、一人で寝る夜が寂しかったのだとか。一方、私の方は荷物の受け入れや新生活の準備、病院への通い等で、めまぐるしい毎日を過ごしていました。

やがて待ち遠しかった退院の日がやってきます。息子にとっては、1週間ぶりの外の空気。桜が咲き始めた風景の中を、息子は嬉しそうにそろりそろりと歩いています。

そして、心から嬉しそうに言いました。

「おかあさん、ぼく……息が出来る！　うれしい！」

「本当に、よかったね」と私。

そして、ポツリポツリと入院中のことを話してくれました。

同じく入院しているたくさんのお友だちに出会ったこと。自分より小さいのに一生懸命頑張っている子たちにも出会ったこと。ナースさんとのやり取りや、見たビデオのこと等々。

「入院を通して、いっぱいいろんなことを学んだんだね。りんちゃん、すごいなぁ」

息子は、しばらく考え込んでからポツリと言いました。

「おかあさん、あたりまえってすごいね。息も出来るし、歩けるし、食べられるし……、ぼく、それがどんなにすごいことか、知らなかったよ」


私はこの言葉を聞いた途端、目頭が熱くなりました。息子にとっての初入院生活は不自由で不安なものだったでしょうが、このような感覚を一時的にだとしても持てたことが、なによりの宝をいただいたことではないかと思いました。

起こることには無駄がなく、意味があるよなぁということをしみじみと実感しながら、彼の入院体験は、私自身にもたくさんの気づきをもたらしてくれることとなりました。

普段、あたりまえと感じている一つひとつのことにも心を手向《たむ》けながら、感謝と共に生きていけたらいいなぁと改めて思った、子育て時代の思い出です。

幸せマントラ

あたりまえって、すごい

時空を超えた瞬間

唐突ですが、私は時折、つじつまの合わない現実――パラレルワールド？　と思えるような体験をすることがあります。

その一つひとつが、強烈な印象をもって心に焼き付けられるので、たとえ過去の出来事であったとしても、なぜか詳細に覚えているのです。

というわけで、子育て時代に起きた、忘れがたいパラレルワールド体験について綴《つづ》っていきたいと思います。

最初にお伝えしておくと、それらはすべて、子どもが危険にさらされた時に、火事場のバカ力のようなかたちで現れるのでした。

一つめは、家族と東京ディズニーランドに行った時のこと。

一日中たっぷり遊んだ帰り、私は出口付近にあったお手洗いに立ち寄りました。子どもたちと夫はまだ退場ゲートを出たあたりにいます。

私は手を洗いながら、窓の外から見える子どもたちの姿を目で追っていたのですが、当時、幼稚園児だった次男が、三男のベビーカーを押しながら、勢いよく走り出したのです。ベビーカーは通常、安全ベルトで赤ちゃんの体を固定してから動かすものなのですが、それもしていなかったようでした。

ぐらつく三男の体を見て、嫌な予感がした途端、体ごとポーンと宙に投げ出されている姿を手洗い場の窓から目撃しました。


次の瞬間……、私はしっかり三男を抱いていたのです。

「あれ？　何か記憶が変だな」と思いましたが、家族はベビーを抱っこしている私を見て、「あ、おかあさん、戻ってきたんだな」とごく普通に話しかけてきたので、私はてっきり、急いで走って戻ってきたんだなとばかり思っていました。

ただ、小学生の長男だけが一言、眉間《みけん》にしわを寄せながら、「……ママ、突然、現れた」と言いました。

「何、バカなこと言ってんのよ。ママ、全速力で走ってきたじゃない」と返したのですが、よく考えてみると、息切れ一つしていないし、確かにお手洗いの窓から眺めていた時に、息子が宙を舞っているのを見た気がする、と思いました。

お手洗いと家族が待っていた距離は、数十メートルほど離れています。

なんだかよくわからないことが起こったなと思いましたが、まぁ、無事だったんだからいいかと思い、それ以上、考えないようにしました。

そのちょうど2週間後、再び不思議な現象は起こりました。それは、我が家のマンションにて。

友だちのお母さんが一緒に子どもたちを見てくれるということで、私は一足遅れて、1階のエントランスから出ようとしました。子どもたちのいる場所を確認すると、50メートルほど離れた広場で、ボールを追いかけていました。当時、2歳の三男も一緒に追いかけています。

すると、ボールが広場の土手の上にのってしまったようで、他の子たちと一緒に、三男も土手によじ登ろうとしているのが見えました。

「え、ちょっと怖いんだけれど……」と思うが否や、三男はバランスを崩して、今まさに、アスファルトの地面に転げ落ちそうになっていました。

「あっ、危ない！」

と思わず叫び声をあげた次の瞬間、私は三男をしっかり抱きかかえて立っていました。さすがに今度は、走ったのではないことがわかりました。

とはいえ、相変わらず周りにいたお母さんたちは、気に留めるふうでもなく「あ、来たのね」と言って、いつものおしゃべりが始まりました。実に奇妙な出来事でした。

他にも、次男が幼稚園の年少さんだった時に、当時住んでいた団地の階段の一番上から、足を踏み外して転げ落ちたことがありました。その瞬間、どうすることもできず、生きた心地がしなかったことだけは覚えています。

ただ、驚いたことに、階段の一番下まで落ち、コンクリートの固い床に叩きつけられるなと思った瞬間、体がふわーっと持ち上がり、まるでふかふかのベッドに横になるかの如く、ゆっくりストンと落ちたのでした。

そうして、一瞬の間をおいた後、次男は大声で泣きだしました。実に一瞬の出来事でしたが、私にはこの世の終わりかと思うほどに長く感じられました。

その後すぐに病院へ行き、色々と検査してもらったのですが、打撲やかすり傷一つあるわけでもなく、私は首をかしげながら家路についたことを覚えています。

さらにもう一つ、私が見えない世界があることや、神霊、ご先祖様などの護《まも》りがあることを確信した出来事があります。

それは、あるコミュニティのバーベキューパーティーに参加した時のこと。海岸沿いで行われたパーティーは、多くの人で賑わい、ドラム缶を半分に割ったコンロの周りは、人でごったがえしていました。

ドラム缶の下は、木材が真っ赤に燃えて、火の粉を散らしています。

私は子どもたちと手を繋ぎながら、近くへ行かないようにと制していたのですが、ちょうど手を繋いでいなかった次男が、ふらふらと火のある方向へと歩き始めたかと思うと、勢いよく石につまずき、転んでしまったのです。

転んだ方向がまさしく火花が散っている側で、私はあまりの驚きで気を失いそうになりました。

……と、その時、いくつもの白い手が見えて、次男の背中を引き上げるのを見ました。

「えっ、これ何?」と思った途端、火の周りから数メートル離れた場所で、転んでいる次男が大泣きしていたのです。そして火傷一つしているわけでもなく、「イタタッ」と言って立ち上がりました。

私としては、どうしてもその時に一瞬見えた「白い手」が気になって仕方なかったので、きっとこれは護られたに違いないと思い、家に帰ってから、急遽こしらえた聖なるスペースで、神仏やご先祖様に感謝の祈りを捧げました。

さて、これらのお話に共通しているものは何かというと「危機的状況」であったということ。

そして、他に何も考えられないほどに必死であった、ということです。

この時の思いをあえて言葉にするのであれば「心に雑念が思い浮かぶ暇もない」状態であるとも言えます。

こうした意識状態になると、私たちが現実と呼んでいる、直線的時間軸の中で起こるさまざまな常識を超えた時空へと突入するんだなということが後からわかりました。

このことをもう少し詳しく説明してみたいと思います。

それは「エゴでもなく、願望でもなく、執着でもないフラットで、どこにも属さない心の領域」であり、**「心に曇りがなく、澄んでいる時に確信を持って意図する行為」が、成就していくものである、と感じます。**

子どもたちが小さな頃に体験したこれらのエピソードを通して、私はリアルな質感をともないながら、世界の広がりと不思議さを知ることになりました。

同時に、人間が持っている本来の能力は、まだまだごく一部しか使っておらず、精神の座を深めることによって、いかようにも進化することが出来るんだなとの確信を持った出来事でもありました。

世界は不思議に満ちています。

同様に、**私たちが持つ可能性も、まだまだ未知数の中にあります**。

生きる歩みを通して、未知が既知になる世界を楽しみながら、日々を過ごしていけますように。

幸せマントラ

すべて、ある。

私は奇跡の中を生きる

クジラは語る

沖縄に住んでいた頃の話です。

当時、息子の高校進学のことで、ちょっとしたドラマがありました。

それは、子どもを持つ家庭であれば、〝あるある〟の経験かもしれませんが、合格を確実視されていた志望校に落ちてしまったのです。それで急遽、私立高校の後期入試を受けました。

けれども試験の出来はさんざんだったらしく、息子はがっくりと肩を落としながら家路につきました。

「ぼく、高校に行けないかもしれない……試験も難しかったし、人もいっぱいいたし……」

息子が受けた後期入試は定員が20名だったにもかかわらず、１３０名以上の受験生がひしめき合っていたとのこと。

そんなわけで、合格発表までの数日間、我が家の空気は非常に重苦しいものになっていました。あまりにも沈んでいるので、何とか空気を和らげようと、気分転換に「クジラウォッチング」をしに行きました。

那覇にある港から30人ほど乗れる船に乗り込んで、クジラの生息地付近まで約40分の船旅です。潮風が心地よく髪を揺らします。

見上げると白い雲がぽっかりと浮かんでいて、見下ろすとコーラルブルーの海が、360度の視界で広がっています。

こんな雄大なる大自然の中にいて、その大地にへばりつきながら生きている私たち。その中で起こった小さな出来事に、今しがた、翻弄《ほんろう》されているってことなんだよなぁと、その風景を眺めながら思いつつ、頭の中は息子のことをずっと考えていました。

やがてクジラの生息地付近まで来ると、船はエンジンを止め、姿を現すのをじっと待ちます。

私たち観光客は、思い思いの方向を見つめながら、クジラの出現を興奮した面持ちで待ちわびるのです。

私はというと、相変わらず鬱々《うつうつ》とした心のまま、ただぼんやりと海のかなたを眺めていました。素敵な風景の中にいても、なかなか心は晴れないものだなぁと思いながら……。


すると心の中に突然、あたたかな感情がなだれ込んできたのです。

それは圧倒的な力をもって、ぐんぐんと心の海を満たしていきます。私はいったいどうしたのだろうとびっくりして、その「あたたかい何か」に意識を集中してみることにしました。

それはなんと「クジラの意識」でした！

その意識は、どこまでも包み込むような包容力と慈愛に満ちていて、高次の精神性を有していることがバイブレーションとして伝わってきました。

ほどなくしてクジラの意識は、心の奥座敷に向かって、テレパシックなインスピレーションを送ってきました。

「だいじょうぶ、すべてはうまくいっているよ」

「だいじょうぶ、大きな愛に包まれているよ。この星は、信じることを学ぶ星だよ」

「だいじょうぶ、ゆだねてごらん。みんな、護られているよ」

私はこれらのメッセージを内奥で感じながら、気が付くと泣き顔になっていました。するとと心の眼で感じていたクジラの姿が、こちらを向いて一瞬微笑んだように感じたのです。

その途端、息子と私が見ているちょうど目の前で、大きなクジラが波間からザッブーンと水しぶきを上げ、黒々とした頭を突き上げたのでした。

「クジラだー！」

船の上は大歓声に包まれました。その後、大きな尻尾も見せてくれて、一同、大興奮です。

私はその様子を口をあんぐりしたままで見つめながら、甲板の上では人間が、そのすぐ真下にある海ではこれほどの巨大な生き物が、同じ哺乳類として、同じ時を共有して生き、暮らしていることに圧倒されていました。

その後も、クジラが姿を現すたびに、「だいじょうぶ！」という思いが、理屈を超えて、体全体を貫いてきます。不思議なことに、帰る頃には、息子も私たちもすっかり元気になっていたのです。

翌日の入試発表では、なんとか無事、合格していたことがわかり、息子はめでたく、高校生となりました。

その後、自然科学が好きだった彼は、生物学を専攻し、自然の生態を観察する学生時代を過ごすこととなりました。今では、子どもの面倒をよく見る二児のパパです。

彼は、十数年経った今でも、その時のクジラウォッチングのことを忘れられないと言います。

私も同じかも。ふとした瞬間に、船の上で感じた独特の感情がよみがえってくることがあるのですから。

あの時、確かに圧倒的な愛と力が押し寄せたのです。当時の、沈み込んでいた心が、まるごと包み込まれて、暖かい光の中へと救い上げてくれたのだと感じています。

すべては繋がっている。

皆、量子的宇宙の中で、意識たちは繋がり合い、相関していると感じています。

うん、うん、心配いらないナ。大きな量子の海に抱かれていると感じて、安心して進んでいきましょう。

幸せマントラ

だいじょうぶ、
すべてはうまくいっている

第二章

新しい風景が教えてくれたこと

弥勒のほほえみ

私は旅が好きです。

初めてその魅力を知ったのは18歳の時。大学の夏休みに、実家のある十勝《とかち》から根室方面へと旅をしたことがきっかけです。

場所が変わることで、海の質感が変わったり、新しい地で新しい体験をすることが面白くて仕方なかったのです。

たとえば、背丈の数倍もある昆布を、漁師の方々と一緒に浜辺で並べさせてもらったりなど、それぞれの地での〝ふれあい街歩き〟も魅力的でした。そうして、リュック一つ背負って一人旅をしていました。

海外に行くようになったのは仕事を始めてからですので、それまでは国内専門でした。その中で、今も忘れられないちょっとした出来事が二つあります。

一つは東北の奥入瀬《おいらせ》渓流を旅した時のことです。清流の流れる美しい木立の中を全行程歩こうと計画しました。けれども、実際は思ったより時間がかかり、あたりは次第に暗くなりました。宿へと辿り着くにはあと数キロほど。あたりには人っ子一人いません。

ど、どうしよう……半ば焦りつつ急ぎ足で歩いていると、突然、川の向こう岸の奥から、何か強烈な気配が漂ってきました。私は「熊だ！」と思い、身構えながらおそるおそる対岸に見える森を睨《にら》みつけました。

すると、鬱蒼とした茂みの中に、大きくて立派なカモシカがたたずんでいたのです。なぜかその部分だけボワーンと輝いているように見えます。私はあまりの威風堂々としたたたずまいに、圧倒されて立ちすくんでしまいました。

カモシカはこちら側を見ています。そして、一瞬目が合ったように感じると、すぐさま、胸の奥に直接響くかたちでテレパシーを送ってきたのです。

「ここにいてはいけない。上（道路）へ行け」

私はすぐさま元来た道を少し戻り、道路へと向かう道に駆けていきました。道路脇まで出た途端、小型トラックがやってきて目の前に止まってくれたのです。そして運転席から顔を出したおじさんは、なんでこんなところにいるのかと驚きながら（呆れながら）、私を宿まで送り届けてくださったのでした。ちなみにその方（農業従事者）は、宿の少し先に家があったそうです。

20歳の頃の思い出ですが（今思うと無謀ですね）、その時に出会った、孤高のカモシカの神々しい姿は、記憶の中にずっと焼きついています。

もう一つの思い出は、大学の卒業旅行として、北海道からフェリーに乗り、京都や奈良といった古都をめぐった時のことです。相変わらずの一人旅の珍道中でした。

宿坊に泊まった時は、翌朝、お寺の境内を歩いていたら、見知らぬおばあさまから「人生は長い。早まるな」と諭されたり（しばらく、意味がわかりませんでした）、道に迷ったり（よくある）など……。旅の後半には、京都にある広隆寺の弥勒菩薩《みろくぼさつ》を見に行きました。

国宝第一号だからという気楽な気持ちで見に行ったのですが、霊宝殿に安置されている弥勒菩薩の、たおやかで凛とした姿態を眺めた途端、体が動かなくなったのです。そして泣きたくもないのに、涙がとめどなく出てそれは30分余り続きました。それまで、人生で味わったことがない感覚であり、体験でしたので、私の表面意識はかなり驚きました。

勝手に涙がこぼれてくるのですから。しかも微動だに出来ない状態で……。

今、考えるならば一種の霊的体験、ということになるのでしょうが、当時の私にとってはそんなことは知る由もありませんでした。

弥勒菩薩の姿に射止められながら、言葉を超えて感じたこと――それは、いずれ私たちはこの世界へと至るのだ、という根拠なき確信でした。

さらに、誰も彼もすべてもが、弥勒の微笑みの中で安堵と歓喜と創造が成されていく、そこへ至るべく生を受けたのが私たち一人ひとりであること。

だからこそ生きる歩みを通して精進していかれますように……といった思いが、心の奥深くに直球で届いたのです。

以来、そこで買ったポスターをデカデカと貼り、向かい側の壁には宇宙のポスターを貼っているという、かなり個性的な（遊びに来た人は、ギョッとする）若かりし頃を過ごしました。

実は今でも、ポストカードですが、弥勒菩薩の姿を飾っていますし、あまりに好きすぎて、絵にも表しました。

どうしてこんなに魅かれるのか……説明がつかないのですが、今も時折、広隆寺へと出かけては、静かにたたずんで黙想することがあります。

いにしえの御代より、人々の心を魅了したであろう慈しみ深き仏像は、今なお、私

たちの心の拠り所となって、包み、護り、弥勒へと至る道のりを応援してくださって
いるのではないかと感じます。
弥勒の微笑みをもって、世界を慈しみと愛で包む世界へ……。
たくさんの見えないお蔭に支えられながら、時のバトンを引き継いでいきましょう。

弥勒のほほえみ　©Miyuki Hasekura

幸せマントラ

てくてく進もう
にっこりと

赤いバラの男

就職したことで、少し金銭的ゆとりが出来た私は、画材を買うことと、旅をすることにお金を費やすようになりました。

初めての海外旅行はツアーでヨーロッパに行ったのですが、2回目以降からは一人旅になりました。といっても、世界中を廻るのではなく、気に入った場所を何度も訪れる、といった旅のスタイルです。

そんな中で、パリはやはり特別で、心が魅了される素晴らしい街でした。

パリでは美術館やカフェ巡りをしたり、好きな作家の足跡を辿ったりと、飽くことはありません。

ただ、治安的な部分では、日本のようにボーッと歩くことは出来ないので、警戒しつつ、道を行くことになります。

今のところまだ、警察に行かなくてはいけないような被害は受けたことはありませんが、ヒヤリとしたことは何度かあります。

最初の洗礼は、一人で訪れた初めてのパリ（約40年前）の地下鉄での出来事です。その頃からあまり、地下鉄の治安はよくないとは聞いていたのですが、それを使わなければ、思うような観光が出来ません。

「まぁ、しゃぁないかぁ」と思いつつ、カルネという回数券を買って、緊張しながら乗り込みました。

幸いメトロの中には割と人が居たので、ホッとしつつ降車駅で降りて、地上へと出る地下道を歩いていました。

ただ、その地下道が長いのです。しかも暗い。かつ、人もまばらで、途中からは、他の人の姿は見えなくなり、私一人になってしまいました。

なんとなく「いやだなぁ」と思っていると、後ろに人の気配がしたので「あ、人がいる。よかった」と思い軽く振り向きました。

薄明かりの中で浮かび上がるその人は、シルクハットをかぶり、スーツを着ていました（心の声＝なんだか絵本に出てくる人みたい）。

ただ、様子がおかしいのです。なぜなら、口に一輪の赤いバラをくわえていたのですから……！　かつ、さらに驚いたことには、下を……はいていない！

その途端、私は全速力で逃げ出しました。おかげでほどなく外に出ることが出来ました。世の中にはいろんな人がいることを、リアルに感じたプチ事件簿でした。

それにしても、どうしてシルクハット姿に真っ赤なバラだったのでしょうね……!?


次に起きたパリでの出来事は、今から数年前のこと。

ルーブル美術館にほど近い、パリ最古の公園であるチュイルリー公園を歩いていた時のことです。時間はお昼時でした。

その時はちょうどオペラ座の近くに宿をとっていたので、セーヌ川にかかる橋を渡って、宿にいったん戻る途中でした。

すると、若い女性が駆け寄ってきて、何か話しかけてきます。

「えっ?」と思い、女性の顔を見た途端、他の女性たちも駆けてきました。

可愛らしい女性たちでしたが、手には新聞紙や紙袋を持っていて、私の周りを即座に取り囲んだのです。前後左右で計4人。

その途端、自分でもびっくりしたのですが、今まで発したことのない声が出たのです。

それはまさしく咆哮《ほうこう》といってよいもので、「ウォオオオー!」と野生動物の如く野太い声で叫びながら、両手を振り上げて威嚇していたのでした。

自分でも「何これ?」と驚きましたが、さらに驚いたのは女性たちです。

おそらく狂人と思われたのでしょう。彼女たちは、血相を変えて、「キャー!」と叫びながら、逃げ出しました。

その時に、手に持っていた新聞紙や紙袋を地面に放り出したままで。

その後ろ姿を、呆然と眺めながら、今まで聞いたことの無い声（ほぼ肉食動物の）が出たことに驚き、突然嬉しさがこみ上げてきました。

同時に、このような機会がなければ、決して知ることはなかったであろうことを思うと、彼女たちに感謝の気持ちを伝えなければと、とっさに思いました。

それで、彼女たちの背中に向かって、

「ありがとうぉぉぉっ」

と日本語で叫びました。叫んでしまいました。

すると彼女たちは、さらに全力疾走となって、セーヌ川の向こうに消えていったのでした。

たまたまラッキーだっただけともいえますが、生物として温存されていたであろう野性がよみがえった気がして、得難い体験ができたなと思ったのです。

私たちもヒトという動物の一種族です。

生命進化の長き歴史の中で、化石人類から現生人類まで、数えきれないほどのドラマがあり、歴史があり、その最先端に位置する場所で、今の私たちが生きています。その個体が身の危険にさらされそうになった時、おそらくは生物種としての本能が優位となり、自分の中にある野性がよみがえるのかもしれません。

というわけで、内なる逞しさ——生きることを強く願う心と知恵、勇気を、自ら自身がもっと信頼してあげたいなぁと思った、セーヌ川沿いの出来事でした。

幸せマントラ

眠れる野性を呼び起こせ

忘れ得ぬ夢

ダンテ・アリギエーリは、世界三大詩人の一人で、中世イタリアを代表する文学者・哲学者・政治家です。

裕福な貴族の出だったのですが、当時の政治闘争に敗れ、故郷のフィレンツェを永久追放されて、亡命生活を送ることになります。

彼はそうしたやるせない人生の最中、「神曲《しんきょく》」という1万行以上にもわたる長編叙事詩を書き上げたのでした。その内容は地獄篇・煉獄篇・天国篇の三部構成です。と、いきなりダンテの「神曲」のことを綴ってしまいましたが、実にこのことを彷《ほう》彿《ふつ》とさせる夢を見てしまったのです。

おそらく、私が今まで見た夢の中でも、最も強烈であったといっても過言ではありません。

それは2018年のこと。アラ還を迎えるにあたり、もう一度、初心に帰って学びなおしたいという気持ちが募っていました。

とりわけ、絵をもっと深めていきたい、という想いがどんどん膨らんでいました。とはいえ、日々の仕事も忙しかったので、なかなかまとまった時間がとれなかったのです。

その時の気持ちとしては、余計なことを考えないで目の前のことに集中！　と自らを鼓舞しつつ、絵や文の仕事を始める前（20代の頃）の情熱や葛藤《かっとう》に思いを馳《は》せていました。

そんな折に見たのがダンテの夢でした。ダンテといっても、名前だけは知っていたものの、ほぼ知識がなく、「神曲」の内容も、確かキリスト教のお話だよねぐらいで、よくわかってはいませんでした。

そのダンテが夢の中に現れたのです。黒いマントを羽織り、赤い帽子をかぶった鷲《わし》鼻の男でした。

私は最初、誰かわからなかったので「あなたは誰？」と聞きました。

すると鷲鼻の男は一言「ダンテ」と自分の名を語ります。

続けて「君をいいところに連れて行ってあげるよ」と言いました。

私は「ありがとう！」と言って、ダンテの横に立ちました（もちろん夢の中の話ですよ）。


その途端、立っている床面からドスン！　と大きな音がしたかと思うと、床ごと下に落ちていったのです。

そこで見える風景は、全然いいところではありませんでした。

むしろ、どんどん暗くなっていって、そこから見える風景もどんどんエグイものになっていっているのです。

私は「今、悪夢を見ている」と思いました。

なので「元の場所に戻して」と懇願すると「旅はこれからが本番だ」とダンテはきっぱり。そうして、ますます暗く湿って、気味の悪い場所へといざなわれました。

やがて、それ以上落ちることのない、最下部というところに行きました。

その時の気持ちは、見えるものは恐ろしかったのですが、これ以上落ちることがないという不思議な安堵感に包まれていました。

「地獄」と言われた底の底では、ルシファーと呼ばれる存在が中央の大きな椅子に腰かけていました。

しかもその体勢のまま、がぶがぶと人を飲み込んでいたのです。

あまりのおぞましい光景に意識が遠のきそうになった時、こともあろうに氷のように冷たい目をしたルシファーと、一瞬、目が合ってしまったのです。

その瞬間、「あれ？　私、この人の目を知っている」と思い、急に心臓が高鳴りだしました。

誰だろう……誰だろう……と考えていた時、ハッとある顔が浮かびました。

それはなんと、中世の絵画に描かれていたキリストの顔だったのです。

私は予期せぬ展開に思わず声を上げました。

するとルシファーは、「ひひひ、ばれたか」と言ったのです。

「いったい何を私は見せられているのだろう?」という想いがよぎるやいなや、隣にいたダンテが、まるで案内係のように「はい、よかったですね。では次に行きましょう」と言いました。

そこからはまた再び、床面が大きな音を立てながら、徐々に上がっていったのです。

そのたびに、見える風景が変化していきました。重く湿度のある場所から、軽さと暖かさのある質感と光景が広がっていきました。

私はダンテに「どこに向かっているんですか?」と聞きました。

すると彼はまた一言で「パラディソ」と言います(その時は、音でしかわからなかったのですが、後から調べると、パラディソとは天国、楽園のことでした。ちなみにこの夢を見た時は、まだ「神曲」の内容は知りませんでした)。

やがて、いよいよパラディソと呼ばれる場所にさしかかった時、どこからともなくたくさんの天使たちが現れて、忙しそうに飛び回っているのが見えました。

その存在たちは、天地を繋ぐ役割として、働いているとのことです。

なおも進むと、まばゆい光が見え、その奥に、シルエットがぼんやり浮かび上がりました。

きっと、これが神様とかキリストと呼ばれる存在なんだなと思い、せっかくだから目を見てみようと思ったのです。そうして、目を覗き込もうとしたら、急に風景が変わってしまったのです。

そこに見えるのは、漆黒の大宇宙でした。

「あれ？　次はどこに行くの？」と思いながら、大宇宙に意識を向けると、「私」という意識が、どんどん薄れて、その中に溶け合う光の粒々になっていくような心地になりました。

かろうじて、自己の意識を確認した時、ダンテが再び話しかけてきたのです。

「旅はいかがでしたか？　楽しめましたか？」と。

私はおそるおそる「あ……はい」と答えると、「ようこそ、フィレンツェへ」と言って消えてしまいました。

その途端、私は目を覚ましました。

体は汗ばんでいて、心臓がバクバクして、頭もクラクラしています。あまりのヘンテコな夢に、以降、眠ることも出来ず、妙に目が冴えたまま朝を迎えました。

朝になって、何かにとりつかれたかのようにネットサーフィンをして、そこでたまたま見つけたフィレンツェにある美術学校の国際コンペに応募することにしました。

そのコンペは絵のデータをテーマに沿って6点ほど送るというものだったのですが、幸いカレンダー用のアートストックが20年分以上あったため、比較的楽に応募することが出来たからです。

とはいえ、なかなか結果発表も来ず、出したことさえ忘れかけていた頃、受賞決定の報告を受けました。受賞特典として、入学金や授業料の一部が免除されることになりました。

その後、スタッフとも相談して、このような機会を得るのも一つのご縁でしょうから、しばらく行ってきたらどうですか？　ということになり、50代半ばで、留学することになったのです。

ということで、フィレンツェに拠点を置きながら、日本と行き来するという日々が始まりました。

やがて荷物の整理などが終わり、落ち着いてきた頃に、そういえばフィレンツェを選んだきっかけはダンテが出てきた夢から始まっていたことを思い出し（すっかり忘れていたのです）、せっかくなのでダンテの家に行ってみよう、と思ったのです。

アルノ川の近くにあるその建物は、ダンテの生涯を紹介する小さな博物館となっていました。もちろん神曲についての展示もあります。

そういえば、夢の中で「ようこそ」って言っていたよなぁ、本当にあの夢がなかったら、そもそもイタリアに住んで絵を学ぼうなんていう選択肢は無かったよなぁ……と感慨にふけりつつ、中世を彷彿《ほうふつ》とさせる暗い階段を上がっていました。

その途端、突然勝手に涙がウワァと溢れてきたのです。悲しくもないのに。

私の表面意識は、「花粉症にでもなったんだろうか？」と思いましたが、どうやら違うようです。

涙も鼻水も出して、ひどい顔になりながら、もしかしたら、「これってダンテの意識を感じている？」と思いました。その意識と繋がって、丹念に心を合わせてみると、ダンテは今、安らぎの中にいるイメージが浮かびました。

生を受けていた時は、自分の意思ではどうしようもないさまざまな体験をしたけれども、それでも「生きる」ことの素晴らしさ、尊さ、深遠さを、全身全霊をもって、そして文学表現として表現した、天晴《あっぱ》れな人生であったと感じているように思えたのです。

かつて生きていた人の思念を、ここまで強く感じることもめったにないので、一体これはどういうことなのだろうと思い、ダンテの生涯が書かれたパネルを見に行きました。

すると……訪れたその日は、ダンテの命日でした。

さて、ダンテの「神曲」ですが、ダンテ自身がつけた題名は「喜劇（Commedia）」でした。

悲劇ではなく、喜劇だからというのが理由だと言われていますが、その後「神聖喜劇」という名で定着し、日本では森鷗外が「神曲」と名づけたのです。

「喜劇」と「神曲」。……うーん、かなりの温度差がある名前ですね。

言葉の錬金術師でもあるダンテは、おそらくこの「喜劇」という題名を、万感の思いをもってつけたのではないかと感じました。

それは、生きることそのものが麗しき「喜劇」であり、あらゆる事象や喜怒哀楽もまた、神の目から見れば、代えがたくも、喜ばしき舞台を演じている演者であると捉えていたのではないかと感じました。

夢の話から始まるこのエピソードは、まるで作り話（妄想）とも思えるような不可思議なお話ですが、夢と現実が交錯した出来事として、今まで味わったことのない強烈さと印象をもって、脳裏に焼き付いています。

善と悪、正と邪、聖と俗、神と人、見える世界と見えない世界……さまざまな二元性を超えた向こうにある一元の世界。

おそらく**私たちは、そこを感得する精神の座へと、これから意識のステージを上げていくことになるのでしょう**。

神がつくりし壮大なるドラマ――神曲、それは喜劇であった……！

私たち一人ひとりが歩む、生きるという「喜劇」を、これからもまるごと味わい、愉しめますように。

幸せマントラ

私の針路は
未知の海へ向けられている
――ダンテ・アリギエーリ

アモーレ・イタリア

先の文章にある通り、実際は2年に満たない期間ではありましたが、イタリア中部の街、フィレンツェに住んでいました。

美術学校へ通いながら、絵の研鑽《けんさん》に励むためです。

若い頃の学びも楽しいですが、たっぷり大人になってからの学びはまた格別です。

画材片手に、天井の無い美術館と呼ばれるフィレンツェの街を散策しながら、気になった風景をスケッチすることが出来る幸せに、何度も手を合わせたくなりました（↑思いっきり日本人ですね）。

滞在先は、大きくて人懐こい犬がいるヴィットーリア家の一室。簡単なイタリア語と英語でコミュニケーションをとるのですが、親戚の集まるホームパーティに参加させてもらったり、本場仕込みのパスタの作り方を教わったりなど、良き時を過ごさせてもらいました。

ただ、楽しいばかりではなく、やはり不自由さもあります。一番困ったのは「鍵問題」です。

まず、部屋ごとに鍵があり、鍵の種類が多いこと。また、マンションだったのですが、そこに入るためのエントランスの鍵と家の鍵が、かなり工夫しないと開かないのです。

時には本当に鍵そのものが使い物にならなくなって、交換したこともあります。

そんな〝鍵問題〟の中で、いつもヒヤッとするのがお手洗いの鍵です。

とりわけヒヤッとしたのは二度ほど。一度目は、カフェの地下にあるお手洗いでの出来事です。出ようとして、先ほどいったん閉めたドアノブを開けようとした途端、カチャッという音ではなく、ズボッとした音が鳴ったので、「えっ？」と思い戸口を眺めました。

するとなぜかドアノブは私の手のひらの中に納まっていて、本来ドアノブがある場所には、まあるい穴がぽっかりと開いていて、外の廊下が見えました。鍵はかかったままです。

しばらく奮闘したのですがらちが明かないので、ドアノブに顔を寄せて叫びました。

「アイウート！（助けて〜！）」

けれども、カフェは地上階なので、なかなか声が届きません。叫び続けること10分余り、やっと店主がやってきて、満面の笑みで鍵を開けてくれたのでした……ホッ。

ちなみに、手に持っていたドアノブを手渡すと、「ありがとう」と言って、またトイレのドアの取手《とって》部分にあいた丸い穴にボスッと差し込んで、「これでＯＫ！」と言ってにこやかに去っていきました。

もう一つは、ある観光地でのお手洗いにて。また、鍵がかかってしまったまま、開錠出来なくなってしまったのです。

私は再び「アイウート！」と叫び、鍵がかかったまま開かないことを伝えました。

そうすると、お手洗いを待っていた人たちが「まかせて！」と言い、皆で、ドンドンとドアをけり上げる音が響きました。

何度か叩いた後、ドアが壊れるんじゃないかと思うほどの大きな音がしたかと思うと、パカッとドアが開きました。

私はそのドアを蹴ってくれたであろう、体格のよいマンマたちと歓声を上げつつハイタッチして、無事事なきを得たのでした。

日本であればなかなか見られない光景ですが、そんな「ゆるさ」や「いい加減さ」も含めて、私はイタリアが大好きなんですね。

本当は、しばらくの間、日本とフィレンツェの2拠点生活で暮らそうと思っていたのですが、新型コロナ騒動の時に戻ってきてしまい、現在に至っています。

そんな滞在生活の中で、なにかピンチが起こった時、心の中である言葉をブツブツ唱えていました。

それは、「何とかなるし、何とかする。大丈夫！」という言葉です。

何とかしないといけない時は、今までの経験や知識、直観などを総動員してピンチを切り抜けようと、やっきになると思います。

で、実際に何とかなる……というか、何とかする、ので結局、何とかなるんですよね。その時は必死ですが、後から振り返ると、笑えるネタになっているのが面白いと思います。

もう一つあります。

その言葉は、とりわけ、心が騒めくような出来事や、想定外の出来事が起こった時に効果的な言葉（マントラ）で、膠着《こうちゃく》した現実や、望まない現実を、異なるステージへと引き上げる時に大変役に立つと感じています。

それが次の言葉です。ぜひ何かあった時は使ってみてください。

きっと良き流れへと運ばれていくことでしょう。

幸せマントラ

これは
どんな良いことへと
繋がっているの？

空港で瞑想する女

イタリアで絵の修行をしていた時、日本ですでに仕事をしていたため、数か月に一度は帰国していました。その時起こった、ローマ郊外のフィウミチーノ空港（別名＝レオナルド・ダ・ヴィンチ空港）でのエピソードです。

私は東京で行われるセミナーがあったため、一時帰国しようと張り切っていました。スーツケースの中には、アッシジで買った聖フランチェスコのタウ・ペンダントが参加者の人数分入っています。

さくさくと搭乗手続きも終わり、いざ、搭乗しようとした時、後ろからポンポンッと肩をたたかれました。

空港職員から「ゲートの外へ」と指示がきたのです。

訳がわからないまま、ロビーに出ると、同じく不安そうな顔をした人たちが約二十人ほど立っています。

その方たちと「いったいどうしたんでしょうねえ」と語っていると、ほどなくして、ブロンド髪が美しい空港スタッフ（女性）が、説明しにきてくれました。

「皆さーん。あなたたちが乗り換えする予定の成田は、台風で閉鎖されました。ですので、皆さんはこちらで待機してください」

待っている人たちの間に、どよめきが走ります。すると一人の人が質問しました。

「あのぉ……、いつ再開するんでしょうか？」

「え〜、そんなの、わからないわ」とお姉さん。

「いやいや、見込だけでも教えていただけますか？」とその人。

「うーん、そうね。明日かな、明後日かな、1週間後かな。わっかりませーん。でもここは、素敵なローマの空港。ショッピング、レストラン……たくさん遊ぶところがありますよ。どうぞ楽しんでね。チャオ〜」と、やけに明るい笑顔で言い放ち、そそくさと立ち去っていきました。

残された人たちで、にわか共同体が出来、今後の対応を話し合うことになりました。けれども、なかなかこれという解決策が出てきません。結局、出てきた答えは、「仕方ないですねー」でした。

私は、確かに仕方ないことではあるのだけれど、自分がメインで出演するセミナーに穴を空けてはいけない……と思い、まずは、半個室のある美味しそうなレストランで、美味しいものを食べながら、日本へと向かう便を携帯で必死になって探しました。

幸い、中国経由で羽田空港に着く便が見つかりました。

それですぐさまチケットを買って、ホッとしたのもつかの間、「あれ？　そういえば預けたスーツケースは今いずこに？」と気が付きました。

そうなのです。本人はローマの空港にいても、あまりにぎりぎりだったので、荷物はそのままトランジット先のドバイに運ばれている可能性があります。

私は空港のカウンターで、そのことを伝え、探してもらったのですが、全く見つかりません。

スタッフが伝えるに。「おそらく、なくなることはないので、1週間後ぐらいをめどに出てくると思います。どうぞ安心してください」ということでした。

その回答を聞いて、「仕方ないなぁ」とも思ったのですが、そのときハタと、参加者の方にどうしても渡したいと思っていたお土産がスーツケースの中に入っていることを思い出しました。

それで「できれば早く見つけたいです」と言うと「手荷物引渡所まで行って、もう一度調べてもらってください」とのことで、そこまで行き「ロストバゲージ」の窓口で調べてもらうことになりました。

結果は「ありません。わかりません」。

万事休すと思いましたが、同時に「ネタ来た!」という想いも湧きあがってきました。焦りと同時に、戦闘モードのアドレナリンも噴出して、「さぁ、やるぞ~」という気持ちになったのです(笑)。

まず最初に**「欲しい現実の明確化」**をしました。この場合は「スーツケースが戻ってくる」という現実を選んでいるということになります。

次に、その現実を現象化するにはどうしたらよいか考えました。

今までもごくたまにですが、ピンチ！　となった時に役立った方法があるので、今回もその方法をとることにしました。


それは**「期待も不安も心配も一切無い、フラットな心の状態」になる**、ということです。

と、頭ではわかっていましたが、なかなかその気持ちにはなれません。

焦りや不安、心配やイライラといった感情が、どうしても渦巻いてしまうのです。

「どうしよう……？」と思い、周りを見渡すと、奥の方にあった空港ピアノが目に入りました。その瞬間、「あれだ！」と思い駆けよってから、気を取り直し、ピアノを弾き始めたのです。

とはいえピアノを習っていたのは10代の頃だけ。ですので、うまく弾くことなどできません。失敗したら「恥ずかしい」のです。

ただ、その「恥ずかしい」感情が逆に、焦りや不安といったねっとりくっついている感情を、一掃してくれるかも、と思ったのです。

結果は吉。ピアノに集中している間、スーツケースのことが頭から吹っ飛んでいたのです。

一通り弾き終わって立ち上がった頃には、不思議と、心の騒めきがなくなっていました。よし、では次のフェーズへＧＯ！

さらなる段階は「**確信の次元**」です。

望んでいることが、ありありと今そこにあるかのごとく、確信的に思っている心の段階です。

言い換えると、どこにも属すことがないフラットで、安心と信頼に満ちた領域であるとも言えます。

普段の暮らしの中ではなかなか難しい感覚なのですが、スーツケースを持ってどうしても帰りたかった私は、トライしようと思いました。

実際の行動は何をしたかというと、空港にある長椅子に腰かけて、呼吸に意識を向け、その後、本格的な瞑想に突入しました。

いつしか手を組みながらの座禅スタイルになっていて、相当不気味だったのでしょう。私の周りには誰も寄り付きませんでした（笑）。

そうして2時間以上が経過しました。すると、私の手の感覚に変化が訪れたのです。それは、スーツケースの取っ手を触っているような質感でした。イメージで持ち上げてみると、確かに、先ほどまで持ち歩いていた重量感があります。

その感覚を丹念になぞりながら、心の中で「今、どこにありますか」と問いかけました。すると、G17レーン、19：00という文字が脳裏に浮かび上がってきたのです。

眼を開けて時計を確かめると後10分です。私はG17レーンに向かいました。

結果は……ありました！

荷物が運ばれてきた時、私は当たり前の如く取り上げ、スーツケースを引きながら何食わぬ顔で歩き始めました。

しばらくしてから、「あれ？　今、なんか私、スゴイ体験しちゃった気がする」という想いが湧きあがり、その途端、体がガクガク震えだしました。

あわてて、当該レーンに戻って、この荷物がどこから来たかを確かめようと思いました。

飛行機はイスタンブールからの便でした。搭乗する予定の機はドバイ行きだったので、ちょっと辻褄《つじつま》があわない気がしましたが、ま、いいかと思い、それ以上考えないようにしました。すると、心の中の独り言が浮かびました。

「飛んで、イスタンブール」と。

相変わらずの珍道中ぶりでしたが、一日1万個の荷物を扱うというローマの空港で、よく出てきたなぁと思い、天やご先祖さまたちに心から感謝をしました。

というわけで、ロストバゲージ珍事件は一件落着となったのですが、あらためて今、そのことについて考察してみたいと思います。

このようなことは自分自身の人生の中でしょっちゅう起こるのか？　といえば否です。

めったに起こりません。あるいは、ちょっと（ちゃんと）変なはせくらだから起こるのか、といえば、全力で否定したいと思います。

そう、誰もが出来るし、必要であれば必ずやそれは起こるであろう、ということをしっかりとお伝えしたいと思います。

また、これは「引き寄せ」かと思う方もおられるかもしれませんが、実際は引き寄せているのではなく、むしろ引き付けていたのだと思います。

引き付けるというのは、すでに潜在下、あるいは種々あるパラレルワールドの中で、望む現実が起こる周波数チャンネルに、共振共鳴することが出来たからだと考えています。

では、その次元が顔を出すにはどうしたらよいかというと、今までの経験では、3つの要素が必要ではないかと捉えています。

一つめは「集中力」。本気になって、全力で向かい合うこと。

二つめは「必要性」。望む次元の創出が、心の底から必要であると認めた場合。

三つめは「確信」。1ミリの疑いなく思っている、フラットで穏やかな意識状態。

たまたま、前述のエピソードでは、どうしても聖フランチェスコのタウ・ペンダントを、皆に渡して喜んでもらいたいと強く思ったこと、なので火事場のバカ力的に集中力を発揮して、確信の領域までなんとか行けたことが、その現象が現れるための波動の温床となったのかもしれません。

この出来事のシェアを通して、あなたと分かち合いたいこと。それは、私たちの中にたった今存在している、内なる可能性が持つ豊かさと広がりについてです。

そのことを内奥の叡智に聞いてみると、「**ヒトは時間・空間を利用するが、時間・空間を飛び越えることも出来る。これが宇宙の真実です**」ということでした。

今までそうだったから、未来もこうなる——とは限らないのです。

まず、望む未来、欲しいと願う現実を、ありありとイメージして、本当にそれが必要であり、現れることによって、我も彼もすべてのものが、**調和的な生成発展**（←これは宇宙の法則性です）へと至るものであれば、必ずはそれは現実化することでしょう。

幸せマントラ

望むものはすべてある。
求めよ、受け取れ

土器は語る

日本列島に人が住み着いたのは、今から約3万8千年前、旧石器時代のことでした。その頃は、獲物を追って移動しながら暮らす遊動生活でしたが、ひとところに定住しながら狩猟漁労採集生活が始まった縄文時代は、約1万6500年前からとされています。

竪穴住居に住み、土器を作り、海の幸や山の幸を食べながら、幅広く交易をし暮らしていた時代——縄文時代はその後、2300年ほど前まで続くことになります。その間、1万年以上の長きにわたり、戦争の痕跡もなく、平和に暮らしていたのです。

同じ大地の上に立っていた、遥か昔のご先祖様たちは、驚くほどの長い年月を争うこともなく過ごしていたのかと思うと、ただそれだけで胸がグッと熱くなります。

ちなみに、現代人も縄文人の遺伝子が1割強流れているようですし、縄文の時に生まれたであろう言葉が和語（原日本語・大和言葉ともいう）となって、今なお話されています。

その割合は、辞書のような文字ベースでは約35％、そして会話であれば、なんと7割弱が和語なのです。言葉という文化的な遺伝子を通して、私たちは縄文のいのちと、今も繋がっているのですね。

※和語とは日本固有の単語のこと。例＝やま、かわ、そら、うみ、め、はな……。

さて、そんな縄文時代に魅《ひ》かれてウン十年が過ぎました。

きっかけは小学校の中庭で、黒曜石《こくようせき》を見つける遊びにハマったことでした。

その後、子育て中にたまたま見たテレビで「足形付土板」が映し出されていて、その途端「あ！　これ、亡くなった子の形見だ」と直感し、以来、縄文がとても身近に感じられるようになったのです。

それ以後は時間がとれたら、遺跡に行ってボーッとするのが趣味となっていました。

そこへ行くと、なぜかいつも優しくて懐かしい、平和で穏やかな空気（気配）が漂っているのです。

そうしてしばらくたたずんでいると、遥か昔を生きたであろう彼らの、言葉にならぬ言葉を感じることがたまにありました。

それらのメッセージや縄文の暮らしについてのエッセイはすでに書いているので（『縄文からまなぶ33の知恵』徳間書店）そちらに譲るとして、本稿ではそこに書ききれなかったエピソードを綴りたいと思います。

それは、新潟県にある十日町市の博物館を訪れた時のこと。縄文系のイベントに演者として参加した翌日、地元のスタッフさんが縄文ツアーを企画してくださったのです。

いくつか遺跡や博物館を巡ったのですが、その中でメインとなるのが、国宝指定の第1号となった火焔《かえん》型土器の見学です。

今から約５０００年前の縄文時代中期に創られた土器で、燃え盛る炎のような装飾が特徴で、かの岡本太郎を強く惹きつけ、「なんだこれは！」と心底、驚愕させた有名な土器です。

私も実物を見るのは初めてだったので（それまではレプリカ）、行く前からドキドキしていました。いざ、博物館に入館し、他にも多く出土されている火焔型土器を感動をもって眺めた後、いよいよ本命との邂逅《かいこう》です。

国宝第1号となった火焔型土器は、小部屋の中央にガラスケースに入って鎮座していました。……尊い!!　思わず手を合わせたくなるような神々しさです。

私は手を合わせ一礼をしながら土器に近づきました。

そして、装飾として施されているハート形の穴を見つめた時、まるで吸い込まれるかのような衝撃（磁力？）を感じながら、しばし言葉を忘れて見入っていました。

表面の意識では、〝火焔型土器は煮炊き用として使われました〟という言葉が浮かぶのですが、心の奥の感覚が「いや、それだけではない」という想いが湧きあがってきます。

いったい、どういうこと？　と一瞬思いましたが、思考のおしゃべりをしている暇もないので、ただただ純粋に、目の前にある美しくも奇妙な形の世界に没入して、心（意識）を漂わせてみることにしました。

しばらくすると、脳裏に夜のとばりの中で焚火を囲んで人が集まっているようなイメージが浮かびました。

その真ん中には火焔型土器があり、確かに何かを煮ているようでしたが、それは日常的な食べ物というよりも、特別な行事の時にふるまわれるもののように感じました。

やがて、焚火の奥にいた、歯抜けの老婆が何かを語り始めました。

意識を向けると、土器を囲んで、穴の間からゆらめく煙を見つめ、その煙の奥に感じる存在（気配）に向かって、歌うような節で語っているように感じられました。

何だろうと思って意識を向けると今度は一瞬のうちに、言葉のかたまりがボタッと降ってきました。それは、このようなものでした。

〝可愛い子らよ、集まったか。

これらは、我らの先祖の物語。我らのカムイの物語。

我らはみなここへとやってきた。天《あま》なる大いなるみなもとから、天なるふところから、いのちの水を通り、柱を伝い、海を越え、山を越え、我らはここへとやってきた。

たくさんの困難があったが、我らは、生きた、愛した。

いくつもの山を越えた。谷を越えた。我らは星とも宙《そら》ともつながり、ここに、こうしてやってきた。

この穴の一つひとつに、先祖が生きた物語がある。

ここにある渦巻き模様は、我らのいのちの躍動であり、先祖のいのちの躍動だ。

私たちは愛し合うために、分かち合うために、ここにいた。

いくつものいのちが刻まれ、渦巻きながら、お前の中にいる。

我らのいのちは、お前と共にいる。

土の上にいるお前と、我らは、同じ一つ穴の中にいるいのちである。

お前は私の子孫であり、兄弟であり、そして、愛するものである。

風の声を聴け。

鳥の声を聴け。

虫の声を聴け。

――それはもう一人のお前である。

渦巻いて、広がって、輪になって、あめつちひとつに栄えさせよ。

可愛い子らよ、聴こえたか。

これらは、お前の先祖の物語。お前と共に在るカムイの物語〟


言《こと》の葉《は》を受け取り終わり、自分の意識に戻った直後、全身の細胞から一斉に湯気が立ち昇ったかのような、高揚感と脱力感に包まれました。

その途端、ハッとひらめくものがありました。

それは、もしかして、そのビジョンの中に出ていた老婆が伝えていた相手は、いのちを伝ったずっと後を生きている遠き子孫たち――つまり、私たちに向けて語っていたんじゃないか、ということです。

そう思うと、またしても湯気が立ち昇りそうでしたが（笑）。

もちろん、このお話は、にわかには信じがたいと思いますし、私が勝手に創作した作り話（ファンタジー？）だと思われるかもしれません。

常識的に考えると荒唐無稽まりないですから。

ですので、信じてほしいとか、絶対そうだというつもりは一切ありません。

ただ、実物の火焰形土器に出会い、その穴に意識が吸い込まれそうな時に生じた感覚を、そのまま素直に言語化して、あなたと分かち合えたらと思いました。

同じ空を見て、同じ大地の上に住み、幾重もの時を重ねながら連綿と続いてきたいのちの歩み――その最先部を「我《われ》」として、この時代を生きていることに静かに感謝をささげたいと思います。

幸せマントラ

風の声を聴け
鳥の声を聴け
虫の声を聴け

第三章

日々を味わう

菌ちゃんライフ

私は昔から発酵食品が大好き。独特の旨みと味わいがある発酵食を食べると、「しあわせ～」と思わず声が出て、ぽわ～んとした顔になります。

発酵食品とは微生物の働きによって、食材の持つもともとの性質が人間にとって有益に変化した食品のことです。

たとえば、調味料なら、味噌・醤油・味醂・酢・魚醤・醤油麹・塩麹など。食品では、納豆や漬物、ヨーグルトなどが有名ですし、飲み物では、甘酒やプーアール茶などの発酵飲料があります。

子どもがまだベビーだった頃、通っていた自然食のお料理教室で「出来るだけお砂糖は控えるように」と言われたことがきっかけで、以来、甘みはずっと、甘酒を濃い目につくって保存したものを、砂糖代わりにしていました。

ただ、沖縄に移り住んだことがきっかけで、我が家に「黒砂糖」も登場するようになりました。

今でもほぼ砂糖を必要としていない暮らしが続いていて、添加物のことも気になるので、家で手作りが基本です。

そうはいってもカチカチすぎるのは不自由なので、時に甘いお菓子を楽しんだり、たまには体にはどうかな？　と思うものも美味しくいただいています。

かつてはマクロビや正食だ、ということで、かなり厳格な日々を過ごしていた時期もありましたが、今は「人を良くするための食」なのだから、そこに縛られなくてもいいんじゃないかなと思うようになり、かなり緩くなりました。子どもたちから言わせれば、「おかあさん、まるくなったね」ということらしいです（笑）。

さて、そんな我が家で、よく作っている発酵食をご紹介したいと思います。

すべて簡単にできるものばかりです。

一つめは塩麹です。

清潔な容器に、自然塩を60g、麹を200g、お水も200g入れて、かき混ぜ、日に一度かるくグルグルしておきます。

そうすると、1~2週間後には、美味しい塩麹の出来上がり！　これをあえ物や漬物、炒め物などに入れると、シンプルなのに深みのある味になります。

醬油麹はもっとかんたんで、麹を入れた容器に、ひたひたになるまでお醬油を入れて、同じように時折かき混ぜて放っておくだけです。

こちらもさまざまな料理に使えて便利です。

他には、玉ねぎ麹がおススメ。

麹と水を100gずつに、細かく刻んだ玉ねぎ約300g、塩30gを入れ、同じように時折混ぜながら放っておきます。

何とも言えない甘みと爽やかさで癖になるお味なので、ぜひどうぞ！

他にも最近ハマっているのが酒粕です。「カス」という名が似つかわしくないほど、栄養たっぷりの酒粕ですが、さまざまな料理に使えます。

有名なのは粕汁ですが、他にも、クッキングペーパーに酒粕を薄く延ばし、オーブントースターの上で、軽く焦げ目がつくまで焼くと、滋養あふれるおやつになります。

ただ、酒粕はアルコール分を含んでいるため、私は普段、酒粕を10分ほど蒸して、アルコール分を飛ばし、そのあとのやわらかくなった生地に、さらにお湯を加えてペースト状にして、冷ましたものを冷蔵庫で保存して使っています。

その酒粕に少し甘みをくわえてお湯でのばすと「甘酒」になりますが、特に甘みを入れない「ライスミルク」の状態でも、十分美味しいのです。

特に、体が冷えているなと感じた日は、熱々のライスミルクに生姜を入れて飲むのですが、これがまた「しあわせ〜」と思わず声の出る美味しさです。

他にも、野菜をそのままいただくよりも、塩麴や醬油麴を入れて和えたり、酢や米糠を加え、軽く発酵させてから食すと、野菜本来の旨みや甘みが際立って、美味しくなります。

と、熱く発酵食について語っておりますが……、それらの食品を作ったり、いただいたりする時にいつも思うことがあります。

それは**人は微生物によって生かされている**、ということです。

ノーベル賞を受賞した分子生物学者であるレーダーバーグ博士は「人間は、共生微生物とヒトから構成されている超生物である。人間にとって共生微生物は極めて重要な存在であり、大切にしなければならない」と述べました。

もう少し嚙み砕いていうと、人という存在は、人という部分と微生物という部分が合わさった共同体であり、鼻腔から肺、腸、皮膚に至るまで、微生物たちが大活躍することで、人間を支えていたのです。

たとえば、細胞の数と菌の数を比べると、37兆個vs100兆個以上。完全に菌ちゃんの勝利です。

また、自己の情報を決定づける遺伝子数と細菌の遺伝子数を比べてみると、なんと1：100で、完全に菌ちゃんたちの勝利なのですね。

そのように考えると、今まで自分だ、と思っていた個性や性質というのは、いってみれば微生物たちの個性や性質によって決められているのかもしれない、と思いました。

だからこそ、微生物さんたちのご機嫌を損なわないように、総合指揮者である我というヒトは、彼らがのびのびと働けて、いい音色を出せるように、環境を整える必要があるんだろうなと感じています。

どんなに科学が発達して、人間が世界の中心に座していると思ったとしても、この世界を俯瞰《ふかん》的に眺めた場合、圧倒的な数や種類の多さ、働きから見て、この星（地球）の中心に座するのは、やはり微生物だったわけです。

恐るべし、微生物さん、偉大だわぁ。

人の中にも微生物、土の中にも微生物、さまざまな微生物が働いてくれるから、今、ここにこうして生きることが許されています。

その見えない働きにも思いを寄せながら、見えるものだけに囚われず、自分もまわりも、目には見えぬ微生物たちも喜ぶような暮らしが出来たらいいなぁと思っています。

菌ちゃんに思いを寄せながら暮らす菌ちゃんライフ。日々状態が変わっていくので、そこを見るのもまたドキドキ、ワクワク楽しいです。

菌ちゃん、ありがとう。大好きだよ〜!(↑自称みゆ菌より、愛の告白でした)

幸せマントラ

この星は微生物の惑星だ

キッチンビューティー

私はチャチャッと出来て、かつ体にも環境にも、お財布にもやさしいな、思うことを考えたり、工夫したりすることが大好きです。

というわけで、今、取り組んでいる美容法についてご紹介したいと思います。

まず、シャンプーのことから。

私はここ数年、シャンプーをほぼ使っていません。使っているのは、酢やクエン酸、重曹、米ぬか、たまにハチミツなどなど。

普段は、湯シャンだけのこともありますし、洗面器にお湯を張り、酢（安くてOK）を大匙1~2杯垂らして、そこに髪をひたしてもみ洗いしてからゆすぎます。

必要であれば、その後、もう一度「リン酢」として、今度はもう少し少なめの酢をお湯の中に垂らし、あとはしっかりゆすぐだけです。

ただ、ちょっと匂いがキツイので、私はプラスチックボトルに入れ替えた酢に、あらかじめアロマを数滴たらして緩和させています。

他の方法としては、お湯を張った洗面器に「米ぬか袋」を浸し、白濁した液に髪を浸して洗う方法です。

ただ、それだけではさっぱりしないなぁという場合は、少しだけクエン酸を入れることもありますし、頭皮汚れが気になる時は、重曹などを少し入れて洗うこともあります。リン酢はお好みで。


ちなみに米ぬか袋は、米ぬかをお茶パックに入れ、入れた後の口をぬかが出ないように、ポチッとホッチキスでとめておきます。

それを、洗髪や洗顔、体洗い、床磨きにまで使っています。一日使用した米ぬかは、処分します（そのまま置いておくと臭くなる）。

他にも、ヘアパックとして、髪に栄養を与えたい時は、ハチミツが活躍します。

少量を手に取って、髪にもみこみ、タオルなどを巻いて、しばし浸透させます。その後、普通に上記のように髪を洗います。そうすると、びっくりするほどにツヤのある髪になります。

次はフェイスケアです。

クレンジングは、台所にあるコメ油でやっています。以前、オリーブオイルで試してみたのですが、なんだかベタッとして心地悪いので、今はコメ油になっています。その後、キッチンペーパーで、顔をそうっと押さえて、余分な脂を落とした後、顔にごく薄く伸ばした酒粕ペースト（１４１ページ参照）を塗り、そのままお風呂に入ります。

その後、お風呂場で、洗髪の時のように米ぬか袋を浸した液をつくり、それで顔を洗います。

米ぬか袋をやさしく押し当てて、米ぬかにある有効成分やサポニンと呼ばれる洗浄成分を使って洗うと、お肌がしっとり、すべすべになります。美白にも良いようです。

また、体を洗う時も、石鹸ではなく、「米ぬか袋」で洗います。江戸時代の人のようですが、さっぱり、しっとり、すべすべになるので気に入っています。

その他、お風呂には、重曹やクエン酸、竹炭液を入れたり、ヨモギなどの薬草風呂にして、毎日ちょっとずつ異なるお風呂を楽しんでいます。お湯を柔らかくさせたい時は、台所にある「だし昆布」もお風呂の中にイン！　します。

と、一気に綴ってしまいましたが、何か参考になれば幸いです。

とはいえ、個々の肌質や髪質、体質などもあるでしょうし、そもそも保存料ゼロのオタクが考えるキッチンビューティなので、なんか変だなと思ったらすぐやめてほしいですし、決して無理はしないでいただけたらと思います。

発酵食にしろ、ナチュラルスキンケアにしろ、基本は自分の体とよく話し合って「心地よさ」、「納得感」、「安全性」をベースにしましょう。試される方は自己責任なので、よろしく！

さて、これらのご紹介を通して、私がお伝え出来たらいいなぁと思っていることがあります。

それは、暮らしに必要なものは、工夫次第で、けっこう何とかなるんじゃないかなということ。必ずしも、高いお金を払わずとも、安心と安全が手に入ったり、健康的でナチュラルな暮らしが出来るのでは？　ということを、実例を通して分かち合いたいなと思いました。

もちろんここに書いてある内容をやってみたいなという思いが強く出ることで、家庭の和を乱しては、どうかなと思いますので、決して無理はしないでほしいと思いますし、市販のシャンプーやボディソープ、石鹸を否定しているわけでは決してありません。

出来ることを出来るだけ、ごきげんに出来ることから、ゆっくり進めていったらよいのではと考えています。

日々の暮らしを工夫と知恵で乗り切りながら、楽しく過ごしましょうね。

幸せマントラ

体の声を聴く。
私が喜ぶことは何？

ことたまの幸《さきわ》い

「言葉はロジック（論理）であるとともにマジック（呪術）である」と、言語学者である井筒俊彦（1914－1993）は語りました。

さらに「言語は、世界を秩序づける力であるとともに、世界を根底から覆してしまう力を持っている」と述べます。

言語というロジックとマジック――いやぁ、しびれる言葉です。まさしく、言い得て妙。

言葉とは、世界を切り分ける道具であるとともに、時間・空間を超えて、ものごとの様相を伝えあい、かつ、世界そのものを認識する手段でもあるのです。

しかもその認識は、間接的なもので、言葉という仮想空間（言語空間）を経由することによって、はじめてそれらの概要を具体的に認識することが出来るのです。

一方、動物たちは外部にある環境と直接接していて、「言葉」というものを介さずに世界を直接的に認識しています。が、人間は、たとえ感じていたとしても言葉がなければ、はっきりと認知することが出来ません。

たとえば熱さを感じた時に「熱い」という言葉があることで、熱さという性質が浮き彫りになり、熱さについて認識することが出来ます。

そう考えると、言葉を持つということは、人間が人間たる所以《ゆえん》であるとも言え、言葉の持つ論理性――切り分けたり、統合したり、伝搬したりすることの出来る便利さに、素直に敬意を表したくなります。

その一方で、**言葉が持つ神秘的な力を畏敬《いけい》し、言葉そのものに霊力があるとする古代からの捉え方があります。**

日本ではそのことを「言霊（言霊信仰）」と呼んでいました。

霊という字が、少し不気味に見えてしまう人もいるかもしれないので、古来の日本の言い方に戻して、「タマ」と呼んでみると、ある程度和らぐかもしれません。

「タマ」とは、生命、いのち、魂、精霊、本質、霊魂、本体といった意味を表す、生命の中心軸となる概念です。もう少しフラットな表現で言うなら、（情報を持った）エネルギーと言うことができます。

ですので、言霊とは「言葉が持つエネルギー」ということになります。

もっとも、言葉という音声も、空気中を毎秒３４０メートルで進む空気の粗密波でもありますので、確かに何らかの働きかけが成されている、ということでもありますよね。

ただそこに、語る人の思いという情報も加味され、かつ言葉そのものが持つ意味や、音そのものが持つ振動情報も乗っかった情報エネルギーが飛び交っていくことになります。

そう考えると、確かに言葉はただの言葉ではなく、「ことタマ」であり、マジック（呪術性）を持つといっても過言ではないのかもしれませんね。

私は言霊の世界を長年ずっと掘り下げてきました。言霊学というのですが、その中の捉え方でいうと、**「言葉とは、事と場を創る事象の設計図である」**と考えます。

とりわけ、日本語は、有史以来、人間がいかにして言葉というものを獲得したかのプロセスが、今もなお残っている、言葉のガラパゴスともいえる稀有《けう》な言語であるようです。

しかも、日本語の母音中心で語られる言葉は、現象化する力が強いと言われているのです。

理由としては、日本語の言語形成プロセスが、自然発生音から始まり、視たものを見たままに表現して音にすること——つまり、事象の様態と言葉の発声に連関性があることから**「言ったことが成ること」という言霊信仰が生まれたと考えられま**

す。

さらに言うと、その秘密は「母音」中心の言語であること、脳の処理様式が他のほとんどの言語と異なり、原始的なまま温存されてしまった、ということも、日本語が持つ固有性と特異性を示す根拠となっているようです（ご興味のある方は、既著『音――美しい日本語のしらべ』（きずな出版）をご参照ください）。

また、母音言語である日本語は、しばらく語っているだけで、潜在下での繋がりを感じたり、人間以外のものの営みや鳴き声を、雑音や音響効果音ではなく「音声」に変えて捉えてしまうことから、さまざまな存在物との繋がりが感じやすくなるようです。

まさしく、**すべてのものに霊（れい・たま・いのち）を見出す、縄文から続く感性**でもありますね。

個人的なことですが、縄文や言葉のことが大好きで、掘り下げていった時に、あらゆるものに霊魂（いのち）があるという、この考え方に出会いました。

その時に妙に安心した、というのか、やっぱりそうだったんだとホッとしたことを覚えています。

幼い頃から、内側の自分を通して世界を見渡していた私は、変な人（いや、確かに）ではあるかもしれないけれど、たまたま縄文的感性を持ったまま、この時代を生きているだけなのかもしれない、と感じました。


さて、「言霊」のお話に戻しますね。

古来、言ったことが成就《じょうじゅ》するには、ただ言葉をやみくもに語ればよいというものではなく、そこに、「神なる力」が介在することで、表れるものであると捉えられていました。

つまり、言霊は人々が気楽に扱えるものではなく、神の領域に属するものだと捉えられていたのです。

ですので、**強い祈りをともなった言葉、言葉が持つ霊力＝言霊として発する**

には、神々の奇しき、尊き働きが味方に付いているからこその、「ことたまの幸い」＝「言霊の成就」であるということです。

もっとも、「神」というものをどのように捉えるかで、見え方が全く変わってくるものですが、今風の表現に換言すると「神＝森羅万象の背後にある活動力（様態を化育させるエネルギー）」と言えるかと思います。

私自身、今まで何度も、言葉によって助けられてきました。

もちろん、言葉は、全体の一部を切り取っているにすぎず、そのものが持つ実体や真の姿が浮き彫りになっているわけではありません。

それでも、言葉をもって励まされ、傷つき、癒され、再び言葉をもって、新しい地平を見ることが出来ると考えています。

この小題の最後に、私の好きな言葉をご紹介したいと思います。

それは「**ことむけやわす**」という言葉。

古事記に出てくる古い言葉で、漢字にすると「**言向和平**」。武力や暴力ではなく、言葉の力をもって、世界を安らけく平らけく治めてくださいね、というものです。

その言葉を発したのは、国の最高神である日の神様――天照大御神《あまてらすおおみかみ》様なんです。

世界でも珍しい言語である、母音語中心で語る国の人々――日本語という贈りものを抱きながら、人間としての真骨頂である言葉という英知をもって、愛ある言葉を語り、愛ある想いを念じ、愛ある行為で、皆に安らぎと平和をもたらせと委任された民たち。

まさしく大いなる調《ととの》えの和を担った人々――大和の和の国に住まう人々です。

このことが、日本人が持つ霊的使命ではないかと思うのですね。

幸せマントラ

ことむけやわす

お金って何だろう？

「ケーザイ、ケーザイ！」――幼い頃、よく母が言っていた言葉です。

意味はよくわからなかったものの、その言葉を語る母の形相が怖かったので、「ケーザイ」は恐ろしいものだ、と思っていました。

のちに、意味を理解してからは、「働かざる者食うべからず」や「節約」という言葉が付与されて、大人になっても「お金とは怖きもの」という観念が定着したまま、数十年を過ごすことになりました。

今思えば、戦中戦後を生き抜いた親の世代にとっては、当然ともいえる考え方でしょうし、そのおかげもあってか、今も、贅沢を求めない（必要と思わない）経済観念は踏襲していると思います。

ただ、根っこにあるお金に対する恐怖感はなかなか消えず、常に心のどこかにのしかかっていました。

ある時、なぜ、このような不安や恐怖が押し寄せるのか、その正体が知りたくて、私は「お金とは何か」について、真剣に向かい合ってみることにしたのです。

まずは、経済の本を読み漁りながらお金についての理解を深めてみました。

とりあえず概要をインプットした時点で、今度は内側（内なる叡智と呼んでいる精神の座）に問うてみました。

それはズバリ「**お金とは何ですか？**」との問いです。

最初に出てきた回答が、「お金とは現代において最も影響力の強い宗教である」とのことでした。

思いがけない答え（閃き）にドキッとしましたが、確かに全世界に波及し、その価値が強く信じられているものでもありますよね。

では、そのお金の正体とはいったい何なのでしょうか？

更に問うと、逆に質問を投げかけられました。

「あなたにとって、お金とは何ですか？」と。当時の私は、答えました。

「はい。**お金とはエネルギーです**」


すると、脳裏に、エネルギーが移動しながら循環していくのを感じました。その様子を心の眼で眺めているうちに、不思議とお金の恐怖が消えていくのを感じました。

この「お金とは○○である」という、内なる感情から出てくる定義づけを知ることは重要で、それは、その人にとってのお金とのかかわりを表す、その人なりの基本設定（MYゲームルール）を示しているのだ、ということです。


こうして内なる対話を続けていくうちに、だんだんお金の全体像が見えてきました。

まず、お金はモノやコト、サービス、時間など、さまざまなものに姿を変えて私たちの暮らしに潤いを与えてくれる素晴らしいものである、ということ。

お金は信用創造によって、生まれるものであること。

お金というシステムは、「鏡の法則」と「循環の法則」という宇宙の法則性に準拠するかたちで動いている、といったことがわかってきました。

ちなみに**「鏡の法則」とは、「与えるものが受け取るもの」ということです。**
時間差はあれど、自ら放ったものが、写し鏡のごとく、転写されるというしくみです。
次の**「循環の法則」とは、「すべてはめぐる」**ということで、この法則が活用される中で大切なことは二つ。

一つは、めぐる様相の部分のみを見て囚われるなということ、もう一つは、自分が蒔《ま》いた種は実となって戻ってくるということです。

さらに「おかね」の「か」は感謝の「か」であり、マネーの「マ」は真心の「マ」と捉えたらよいとのこと。
その想いでめぐらすと、より鏡の法則と循環の法則が活性化するのだとか。
（オマケ＝「マ」を、「真」で扱うと巡り潤い、「魔」で扱うと、身を滅ぼしやすくなるとも！）

ここまでの理解が深まったところで、内なる叡智は再び、「お金とは何か」についての設問を投げかけてきました。

出てきた答えは……「お金とは私である」とピシャリ。

この意味するところは、**お金とは、自己が形を変えて、世界中をめぐりゆき旅をする、もう一人の自己である**、ということでした。

だからこそ、自ら自身を「信用創造」していくことの大切さや、不安や「欠乏の窓」から世界を見渡すのではなく、今、ここにあること、いることを喜び、感謝しながら「充足の窓」から世界を見渡し、現実を創造していくことが大切であるといいます。

なるほど～と、深く合点《がてん》がいった私は以来、その考え方を採用しながら生活するようになりました。すると、お金も含めて、人やモノ、コトも、必要なことが必要なだけ起こり、巡っているのを感じられるようになり、日々の暮らしが楽しくなりました。

さらに、お金を使う時は、**「いってらっしゃい〜。お金さん（私）、よい旅を」**との思いを送ることで、旅路で出会うご縁たちの幸せを願う気持ちが生まれたことも、嬉しいことでした。

本当はもっとお伝えしたいこともあるのですが、紙面の関係上、割愛します。

どうかこの小エッセイが、お金とあなたとの関わりにおいて、安らぎと豊かさをもたらすための、何らかのヒントになれば嬉しいなと思いつつ、ひとまず筆をおくことといたします。

※さらに詳しく知りたい方は既著『宇宙を味方につける　リッチマネーの秘密』（徳間書店）をご一読ください。

幸せマントラ

お金は旅する私です

おむすびを握る

炊き立てのご飯を何度も、お椀によそい、お椀を逆さにしてまな板の上にストン、ストンと落としながら、私のおむすび作りが始まります。

そうなのです。私はおむすびを握るのが大好き。

あらゆる料理の中で、もっとも幸せを感じるひとときかもしれません。

ご飯のお山の真ん中に、梅干しやおかかなどの具材を入れてから、手塩をつけてキユッ、キユッと握ります。

握りながら、それをお昼に食べるであろう、子どもたちの笑顔を思い浮かべます。


おむすびのかたちは三角。丸ではありません。

ちなみに丸いものは「おむすび」とは呼ばず「おにぎり」というのだとか。仕上げに、三角形を包むようにノリのお洋服を着せてあげます。うん、完成。楽しいなぁ……。

そんなある日、ふと、「おむすび」は、なぜ「おむすび」というのだろうという疑問が浮かんだので、さっそく調べてみることにしました。

すると、想像を超える深遠な意味が浮かび上がってきました。

おむすびとは、古事記に登場する神の名にある「産霊（むすび）」（意味は後述）に由来するとのこと。

「むすび」のつく名の神は、古事記（古史古伝承の日本神話）の中で、最初の天御中主神（あめのみなかぬしのかみ）に続く、二番目と三番目の神様の名の中にあります。名前は、高御産巣日神（たかみむすひ〈び〉のかみ）と神産巣日神（かみむすひ〈び〉のかみ）と言います。

この尊き三柱の神様は、宇宙の起源や、万物の根源と考えられる根源の神様です。

そして、高御産巣日神は陽の働きで男の神様だと言われており、神産巣日神は、陰の働きで女の神様であると言われています。

とりわけ、女神である神産巣日神は、地の働きを担う神様であり、農業神でもあります（天の働きは高御産巣日神が担っています）。

そうした神産巣日神は「稲」の中に宿ると信じられていたようです。

その稲から出来たお米を使って、お米同士をギュギュっと結びつけながら三角のかたちに握られたのがおむすび、だったんです。

しかも、一説にはこの三角形は、三貴神である、日の神様の天照大御神《あまてらすおおみかみ》、月（夜）の神様である月読《つくよみ》、海原の神様である素盞嗚《すさのお》のことを表しているのでは、とも言われています。

言霊学的に解釈すると、天照大御神は「魂の象徴」、月読は「心の象徴」、素盞嗚は「体の象徴」でもありますので、三要素を各角にいだいたおむすびは、心魂体の統合であり、まさしく「結び」を形代《かたしろ》として象徴したものと、考えることも出来るのです。

おむすびの語源には、そんな尊いストーリーが秘められていたなんて……びっくりです。

また、「結び」とは何かについても調べてみました。

すると、「結び」とは、ひも状のものをくくり結ぶという意味の他、「繋げる・まとめる・創る・固まる・まとまる・締める」などの幅広い意味があるということがわかりました。

さらに、人との関係を結んだり、契りを結んだりというのも「結び」です。

思わず、映画『君の名は。』に出てくる、おばあちゃんの顔が浮かんできそうです。

さて、「むすび」の音を漢字で書くと「結び」の他に、「産霊（むすび・むすひ）」というものがあります。これは主に神道で使われる用語で、**天地や万物を生み出す、霊妙なる力のことを指す言葉です**。

語源で言うと、「むす」が産まれる（生まれる）ということ、「ひ」が神霊が持つ霊的な働きのことを指すので、「むす」と「ひ」が繋がってのむすひです。

私たち一人ひとりもこの霊妙なる働き――「むすひ」の働きによって、今ここを生きています。

というのは、男女の営みによって生まれてきた子どもの名前に、まさしく「むすひ」がついていたからです。

男の子が生まれたのなら、それは「産霊彦（むすびひこ）」となります。略してムスコ。女の子が生まれたのなら、「産霊姫（むすびひめ）」となり、略してムスメです。

そう、私たち自身が尊き「むすび」の表れだったのですね。

そんな「むすびひこ」や「むすびひめ」である私たちが、「おむすび」をいただくということの意味……それは、神（天）の息吹きが再び入って、ますますエネルギーが活性化し、清々しくなる、ということなのかもしれません。

それだけではなく、思わぬご縁が結ばれたり、何かが始まったり、成就したりなど、きっといいことへと繋がるためのパワーをいただいているということなのかもしれませんね。

たかが「おむすび」、されど「おむすび」。むすびの世界は実に深遠で、深い世界へと誘《いざな》うまさしく魂の食べ物――ソウルフードなのでありました。

一なるものから二手に分かれ、陽の力と陰の力で、さまざまなものが産みだされ、結ばれていく「むすび」の世界。自分もまたその一員であると共に、自ら自身で新しく「むすび」を生み出すことも出来るという私たち。

人は神の分け御霊《みたま》と言われることがありますが、まさしくそうなのでしょうね。

とはいえ、生きていく中では、時にどうしようもないなとか、理不尽だなと思うような「むすび」に遭遇することがあります。

そんな時は、なかなか大変で辛いものですが、時間が経過するにつれて、今までとは異なる何かが始まったり、終わったり、状況や環境が変わったりと、新しいステージとなって現れることが多々あります。

まさしく常に、生成化育発展進化しつづける「むすび」のプロセスを、人生という軌跡を通して、リアルに体験しているということだったのですね。

この章の終わりに、私がおむすびを作りながらよく歌っている鼻歌を、分かち合いたいと思います。それは、皆が知っている童謡の「むすんでひらいて」です。

むすんで、ひらいて、手を打って……で始まるこの歌は、手遊び歌としてよく知られていますよね。私も、子どもが小さい頃は、最後のフレーズの「この手を……○に～」ということで、よく遊んでいました。

でね、この年になって、あらためて歌詞を深読みして歌ってみると、まさしく深い真理が描かれている歌だよなーって思ったんです。

それは、**むすんで**（さまざまなものを繋ぎ、生まれ、結実させて）、**ひらいて**（それらを手放し、さらなる広がりをもって）、**手を打って**（新しい音〈世界・現象〉が生まれて）、むすんで（上記と同じ）……といった感じです。ね、なんだか深淵でしょ。

というわけで、こんなマントラはいかがでしょうか。

むすんで、ひらいて、また明日！（「また明日！」は、これからますます豊かになりますようにという祈りをこめた言葉）。どうぞ、いいこといっぱいありますように。

幸せマントラ

むすんで
ひらいて
また明日！

エピローグ

川は流れる

川の流れのように

人生には上り坂と下り坂があると言われますが、私はもう一つの坂があると思っています。

それは「まさか（ま坂）」。

暮らしていると、そんな「まさか！」と思わず声をあげてしまうような出来事に遭遇することがあります。まぁ、笑えるものはそれでよいのですが、笑う気にもなれない「まさか」の時だってあると思います（私もたまにあります）。

たとえば、自分が思い描いていたものと全く違ってしまったり、予測不可能なことであったり、一生懸命になればなるほど、逆の方向へと事態が進んでいったり、とかね。

そうした出来事の渦中にある時は、まるで動き出している車輪の上に乗っかっているようなもので、無理に止めようと思っても、なかなか止まってはくれないのです（減速ぐらいはできるかもしれませんが）。皆さんは、いかがですか？

さて、いったん動き出した流れが、もう止まらないな……とわかった時は、仕方ありません。

いさぎよく観念して、じたばたせずに、じーっと流れを観察する態勢に入ります。とはいえ、観察だけしていればOKというわけでもなく、降りかかってくる出来事などもありますから、その時々に出来る最善と思う対応をしつつ、推移を見守っていきます。

先がなかなか見えないので、この流れの中にある時はなかなか辛いものですが、抵抗したり、頑張りすぎると、かえって混乱することもあるので、基本は、とりあえず出来ることをする、の一択です。

このような状況となった場合に、私はいつも、ある情景が浮かぶのです。

それは川の流れです。

川はいつだって流れています。見える風景は変わらなくても、流れの水はいつだって、初めて出逢う水なのです。

そう思いながら、上流から流れてくる水の流れに、抵抗するでもなく、かといって、流されてしまうというわけでもなく、自らの意思で流れる、流れていく——と決めるようにしています。

川が流れる時は、とりわけ早瀬の上流なら、岩肌がゴツゴツしているでしょうし、葉っぱや小枝や石ころなど、さまざまなものも一緒に流されるので、時にはそれらとぶつかって、「イタタッ！」となるかもしれません。

もっとも下流になるにつれて、川の流れはゆっくりになり、いろんな支流と合流しながら大きな川になっていくこともあるでしょう。ただ、その間にも大雨が降ったり、嵐が来たりして濁流となることもあるのです。

そうして、良きも悪きも、さまざまな潜在的可能性がある中で、一つだけはっきりしていることがあります。

それが、いつしか川は海へと至るということです。

こうした「海」――大海原を一つのゴールとして、必ずそこへ至るのだから、心の奥ではどこか安心して、ぶつかったり、揺られたり、へこんだりしておこう……といった不思議なあきらめと達観の中で、出来事に向かい合っていくことになります。

おそらく、人生そのものも、川の流れにたとえられるのだろうな、と思っています。思わず、美空ひばりさんの名曲――『川の流れのように』が、頭の中でグルグルとリフレインしておりますが……。

流されるのではなく、流れる。

頑張るのではなく、たんたんと、出来ることを、する。

その場その場で、体験できることを、味わい、愉《たの》しむ。

そんな気持ちで、人生の出来事に向かい合っていけたらいいな、と思っています。

大海へと至る人生の旅。

もちろん、人の一生も川の流れにたとえることも出来るでしょうし、一日の過ごし方や、問題や課題が終息へと至るまで、人生における経験なども、川の流れとして置き換えることが出来ます。

この場合、「大海」（海・海原）がゴールであり、終息点、落ち着く場所、そしてすべてをまとめ上げ（結び合わせ）ながら、よりパワーアップして再出発を図る、始点の場ともなるのです。

これらのイメージを、水のひとしずくにたとえて考えてみたいと思います。

まず、自我という意識を持った一滴（ひとしずく）が生まれます。

生まれるぞ、と言って生まれたわけではなく、気が付いたら「いた」のです。

そのひとしずくは、ある時、何らかの拍子で、川の中に飲み込まれるんです。そうすると、あまりの勢いでキャーッとなるのですが、それでも流れの中で、自己を感じながら、流されていきます。

そのうちに「流される」という意識から「流れる」という気持ちに切り替わり、主体性を取り戻しながら、流れそのものを味わい、楽しむようになります。そのプロセスの中で、多くの仲間にあったり、仲間の経験を分かち合うこともあります。


やがて、時が来たら大きな海へと至ります。そこは懐かしくて、川とは比べものにならないほど、多くの生き物がすんでいる場所です。

川の上流で、ブイブイ言わせていた岩は、まぁるい石ころに、あるいは砂粒にまでなっていたり、一緒に流されたものが、海のごはん（栄養）となって、豊かな海を形成してくれています。

その中で「ひとしずく」は、自分もまた大きな海の一部だったことに気づき、安心して海と一つになりながら揺らいでいます。

そのうち、またお日さまの輝きが強い日に、「ひとしずく」は水蒸気となって旅へ出て、好きなところまで出かけるわけです。
この時はまた、赤ちゃん水滴からのスタートなので、表面の意識はあまり覚えていないんです。
それで、再び、川の流れにのりながら、海まで出る旅をしては、魂の経験値（広さ・深さ・精妙さ）を上げていく……そんなイメージで捉えています。

さらに、考察を深めていきたいと思います。
先ほどから、人生に起こるあれこれを、川の流れにたとえていますが、この川の流れを作った人が誰か、わかりますか？

川の流れの設定者——それは、ほかならぬ、自分自身であったのです！

といっても、表面の自分ではなく、自己の本体と結びつく高次の自己（ハイヤーセルフ）の方です。高次の自己が、表層の自己に、さらなる成長と進化を促して、設定したものだったということなのですね。

その流れの中では、途中イベントとして、裏切りや病気、失恋、人間関係のもつれなど……それこそ、表面の自己からすれば、「なぬ～～っ！」となりそうな事柄が起こることがあります。

ただ、深奥（ハイヤーセルフ側）は、まったく動揺することなく、むしろ、「さぁ、この出来事を通して、この人はどれだけ魂の成長が進むのかな？」なんて、むしろ楽しみにしながら、出来事のすべてを見守ってくれているのでしょうね。

そもそも乗り越えられないことは設定さえしませんし、起こることは、皆、起こるように起こり、なるようになりながら進んでいき、やがては、大海へとたどり着くのですから。

その旅路を、宇宙でただ一人の、かけがえのない存在――「われ」として進むことのできる喜びと誇らしさを胸に、これからも安心して、ゆるゆる、ぶらぶら流れていきましょうね。

幸せマントラ

どうぞ
なるように
なりますように

LAST MESSAGE

むすんで　ひらいて　また明日
にっこり　笑って　ごきげんよう
いいこと　いっぱい　ありますように

おわりに——「ことたまの幸い」を愉しんでください

暮らしの中で見つけた小さな喜びや幼い頃見た風景、そして心に残る出来事などを、等身大の筆致で綴ったものが本書となりました。

このような機会がなければ、おそらくは一生、心の中にある記憶の欠片《かけら》として、顧みられることもなかったであろう出来事にも、気持ちを寄せることが出来たことが、素直に嬉しく思います。

本書を手に取ってくださった皆様、本当に有難うございました。


あらためてこれらの小エッセイを読み返しながら思ったことがあります。

それは、無駄なことなど何一つないんだな、ということです。

もっというと、一見、無駄なんじゃないかなとか、まわり道だよなぁとか、何でこんな体験するのだろう？　と思ったものこそ、後になって「あぁ、このことのためにあの体験をする必要があったんだ」と深く頷くことが多いのです。

まるで伏線回収をするかの如《ごと》くの納得感なのですが、天の眼から見ると、あらゆる体験が神のギフトであり、必要必然ベストなドラマたちなのでしょう。

渦中にいる時は必死なので、なかなかそうは思えないですけれど、ね。

これからも、さまざまなドラマを盛り込みながら旅は続きますが、その一つひとつを味わい、楽しんで進んでいけたらよいなぁと願っています。


さて、本文の中には、そんな旅の途中であった、心の指針となった言葉を、一エッセイごとに一つずつ、ご紹介しております。

「いやしけ　よごと!」とか「ありがとう　大好きだよ」とか、「どうぞなるようになりますように」……といった、リズム感のある短い言葉たちですが、こうした言霊の導きによって、私自身、幾度も助けられてきました。それは今なお続いています。

本文にも書きましたが、言霊とは言葉が持つエネルギーであり、「こと（言・事）」

の「たま（orいのち、事象の種、エネルギーボールのようなもの）」が発動することによって、現象化が促されるというものです。

各エッセイの終わりには、「幸せマントラ」と銘打った、22種類のマントラ（真言）が記載されています。

その言葉を眺めるだけ、思うだけで、あるいは、黙読したり音読（↑こちらが最強！）することで、ことたまのエネルギーがぶわっと発動して、その概念の時空が立ち現れやすくなります。

ぜひ、さまざまなシーンで使っていただければと思います。

なお、それらのマントラを、自分流に変えたり、もしくは新しく創作しても楽しいと思いますので、どしどし「ことたまの幸い」を愉しんでくださいね。

私たちは言葉によって世界を認識しています。

言葉は世界を捉えるツールであると同時に、躍動するいのちであり、波動性を持つエネルギーの塊《かたまり》でもあります。それらのエネルギーは万物万象を生み出す物実《ものざね》（物事の元となるもの）となって、たった今、潜象《せんしょう》世界と現象世界を繋いでいるのです。現在、あなたが視ている世界は、あなたの脳内でポップアップされる言葉によって映し出された世界を観ています。

愛と慈しみのある言葉が多く浮かぶのであれば、その時空を体感しやすくなりますし、逆もまた然《しか》りです。だからといって「よい言葉ばかり語りましょう」といっているのではありません。

順風ではない流れの中にある時、心が哀しみと不安でいっぱいの時……、その時こそ、魂が加速度的に進化している時なのです。

時が過ぎれば（時が満ちれば）、きっと笑えるようになります。

大丈夫。

我が内に眠っているいのちの力を信頼してあげましょう。

私たち人間は、たくましく、適応性のある生き物なのですから。そして、人間だけに与えられている素晴らしい贈りもの——言葉をもって、自らの内と外を調《ととの》えていきましょう。

今後、来るであろう、高次の精神性に基づいて、物心共に繁栄する世界の創造に向けて、あなたの世界を拡張していきましょう。

どうぞ、あなたの未来が、ますます光輝き、喜ばしいものとなりますように。

愛とやすらぎに満ちた、温かな世界が拡がりますように。

そして……、いいことといっぱいありますように！


本書があなたの暮らしに少しでもお役に立つことが出来たら、大変光栄に思います。

皆様、どうぞお元気でお健やかにお過ごしくださいませ。

それではまた、次の本でお会いいたしましょう。

2025年3月　陽光の中で

はせくらみゆき

追記

本書を刊行するにあたり、お世話になりました敏腕編集者の豊島裕三子様、デザイナーの三瓶可南子様、廣済堂出版様、本書に登場してくださった方々、そして友人、知人、家族に心より御礼を申し上げます。弥栄！

はせくらみゆき

画家・作家・雅楽歌人
日本を代表する画家の一人であるとともに、科学から経済、教育まで、ジャンルにとらわれない幅広い分野の活動をするマルチアーティスト。詩情あふれる彩り豊かな作風は、国内外で人気を博しており、2017年には芸術文化部門における国際平和褒章を受章。2019年にはイタリアで開催された国際アートコンペにて世界3位、翌年のアートコンペ（イギリス）には2位となり、欧州と日本を行き来しながら活動を続ける。また、雅楽歌人としての顔も持ち、現在、一般社団法人あけのうた雅楽振興会の代表理事としても活動している。主な著書に『縄文からまなぶ33の知恵』（徳間書店）、『おとひめカード』（きずな出版）、『今日、誰のために生きる？ 2』（廣済堂出版、共著）など、65冊を超える著作を持つ。Accademia Riaci絵画科修士課程卒（イタリア）。英国王立美術家協会名誉会員。日本美術家連盟所属。北海道出身。三児の母。

はせくらみゆき公式サイト
https://www.hasekuramiyuki.com/

いいこといっぱいありますように
運気を呼びこむ幸せマントラ

2025年5月10日　第1版第1刷

著　者　はせくらみゆき
発行者　伊藤岳人
発行所　株式会社 廣済堂出版
〒101-0052
東京都千代田区神田小川町2-3-13 M&Cビル7F
TEL　03-6703-0964（編集）
03-6703-0962（販売）
FAX　03-6703-0963（販売）
https://www.kosaido-pub.co.jp/
振替 00180-0-164137
印刷·製本　精文堂印刷 株式会社

ISBN978-4-331-52429-9　C0095

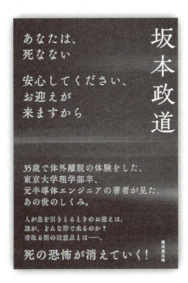

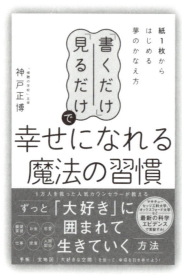